SÃO CLEMENTE MARIA HOFBAUER

Perfil de um Santo

São Clemente
Maria Hofbauer

Perfil de um Santo

EDITORA SANTUÁRIO
Aparecida-SP

DIRETORES EDITORIAIS:
Carlos da Silva
Marcelo C. Araújo

EDITORES:
Avelino Grassi
Roberto Girola

COORDENAÇÃO EDITORIAL:
Denílson Luís dos Santos Moreira

TRADUÇÃO:
Clóvis Bovo

COPIDESQUE:
Leila Cristina Dinis Fernandes

REVISÃO:
Ana Lúcia de Castro Leite

DIAGRAMAÇÃO E CAPA:
Juliano de Sousa Cervelin

Ilustração da capa: D. R.

Título original: *Klemens Maria Hofbauer: Profil eines Heiligen*
© Wiener Dom-Verlag
Gesellschaft m.b.H., Wien, 2001
ISBN 3-85351-179-1

Dados Internacionais de Catalogação na Publicação (CIP)
(Câmara Brasileira do Livro, SP, Brasil)

São Clemente Maria Hofbauer: Perfil de um Santo / [Clóvis Bovo]; Hans Schermann, (organizador). – Aparecida, SP: Editora Santuário, 2007.

Título original: Klemens Maria Hofbauer: profil eines reiligen
Vários autores.
Bibliografia
ISBN 978-85-369-0096-4

1. Hofbauer, Klemens Maria, Santo, 1751-1820 2. Santos cristãos - Biografia I. Schermann, Hans.

07-1843   CDD-282.092

Índices para catálogo sistemático:

1. Santos: Igreja Católica: Biografia e obra 282.092

Todos os direitos em língua portuguesa
reservados à **EDITORA SANTUÁRIO** — 2007

  Composição, CTcP, impressão e acabamento:
EDITORA SANTUÁRIO - Rua Padre Claro Monteiro, 342
Fone: (12) 3104-2000 — 12570-000 — Aparecida-SP.

Ano: 2010   2009   2008   2007
Edição: 9 8 7 6 5 4 3 2 1

SUMÁRIO

Prefácio 7

Introdução 9

Hans Schermann
Clemente Maria Hofbauer: Perfil de um Santo 11

Rolf Decot
Hofbauer no diálogo e no confronto com seu tempo 57

Adam Owczarski
**A missão perpétua na Igreja
de São Beno em Varsóvia** 101

Annemarie Fenzl
Atuação Pastoral de Hofbauer em Viena 115

Alois Kraxner
O *Eros* Pastoral de São Clemente 151

Otto Weiss
A imagem de Hofbauer em mudança 161

Ficha biográfica de São Clemente Hofbauer 214

Prefácio

Abreviaturas de alguns documentos que serão citados no decorrer destas palestras:

– *MH*: *Monumenta Hofbaueriana* (16 volumes, Krakau – Thorn – Roma – Innsbruck, 1915-1998), importante coleção dos documentos sobre a vida e as obras de Clemente Maria Hofbauer. Vez por outra são citados apenas o volume e as páginas.

– *Briefe (Cartas)*: *Briefe* und Berichte, Wien – Innsbruck 2000.

– *SH*: *Spicilegium Historicum Congregationis SSmi. Redemptoris* – Revista do Instituto Histórico dos Redentoristas em Roma.

Não nos preocupamos com a tradução literal, mas sim com a fidelidade ao pensamento dos autores.

Conservamos no original nomes próprios de pessoas e lugares.

O termo *Seelsorger*, que significa cuidador de almas ou cura de almas, foi traduzido por "cura espiritual" ou "pastoralista".

Pe. Clóvis de Jesus Bovo, C.Ss.R.

Introdução

Clemente Maria Hofbauer era "europeu": estava familiarizado com as culturas do continente e, em alguns países, sentia-se em casa. Duas cidades da Europa reivindicam para si uma aproximação especial com ele: *Varsóvia* o denomina seu "Apóstolo" (atuou nessa cidade de 1787 a 1808); e *Viena,* onde passou os últimos doze anos de sua vida (1808-1820) e que o escolheu para "Padroeiro da cidade".

Padroeiro de Viena: Não é sem motivo que Hofbauer ostenta esse título. No início do século XIX ele influenciou fortemente a vida eclesial dessa cidade. Trilhou caminhos novos com sua pastoral engajada. Era um dos grandes pregadores na cidade residencial dos Habsburgos. Ganhou influência nos altos círculos dos cientistas e artistas, entre os estudantes e professores da Universidade de Viena. Mas ao mesmo tempo estava ligado com o povo simples em suas iniciativas de caridade.

Hofbauer também conquistou destacada importância para sua Congregação redentorista. Apontou-lhe novos objetivos e abriu-lhe novos campos de atuação. Não presenciou mais sua aprovação oficial na Áustria, mas após sua morte a Congregação se expandiu de Viena para muitos países no mundo inteiro. Com razão é chamado *insignis propagator* (insigne propagador) da Congregação.

Não se pode, sem mais, incluir Hofbauer nas categorias religioso-históricas de seu tempo: o Iluminismo e o Romantismo. Era uma personalidade bastante independente e voluntariosa. Não se encaixa também, sem mais, nos movimentos eclesiais em que o colocaram, e o colocam ainda hoje, após a morte.

Nesses mais de 250 anos após seu nascimento em 1751, uma série de eventos e publicações científicas ocupou-se em obter uma imagem adequada dele. O volume presente contém palestras proferidas no Seminário havido em São Gabriel (Viena, 17-21 de abril de 2001). Elas iluminam a obra e a pessoa de Clemente Maria Hofbauer sob a perspectiva de nosso tempo e tentam apontar sua importância para hoje.

Hans Schermann

Hans Schermann

Clemente Maria Hofbauer: Perfil de um Santo[*]

Antônio Gabriel Severoli, Núncio Apostólico em Viena de 1801 a 1817, escreveu dia 10 de dezembro de 1802 ao vigário geral da diocese de Constança, Inácio Henrique Barão de Wessenberg: "Reverendíssimo, digníssimo Senhor! Envio esta carta a Vossa Mercê, a pedido do Pe. Clemente Maria Hofbauer, Vigário Geral da Congregação do Santíssimo Redentor na cidade de Varsóvia, que já me era conhecido de longa data, de nome e de fama, mas agora de vista, já que veio a Viena por causa de diversas questões de grande importância para seu Instituto. Se o provérbio 'a presença diminui a fama' é verdadeiro no mais das vezes, certamente acontece uma exceção com respeito a esse religioso. Nas conversas particulares tidas com ele, tive tal impressão dele, que ouso compará-lo com bem poucos. Desta-

---

[*] O texto anexo foi a conferência de abertura do Seminário. Pontos de vista que, nos outros relatórios do simpósio foram amplamente expostos, são mencionados brevemente ou omitidos nesse relato. O caráter literário do relato foi mantido.

ca-se nele um zelo aprimorado pela religião católica, unido com sabedoria e prudência, e arde em sua alma um tão grande zelo de ganhar almas para Cristo, que eu não duvido de que a Divina Providência o reservou para nossos tempos tempestuosos" (*Monumenta Hofbaueriana*, vol. V, p. 9).[1]

Dois anos mais tarde, o vigário de Triberg Martinho Fidelis Jack escreveu no livro do tombo de Triberg: "Os padres da C.Ss.R., uma horda selvagem de fanáticos, chegaram aqui em Triberg dia 30 de maio de 1805. (...) A central dessa nova legião deve ser Varsóvia, na Polônia. Dia 4 de novembro de 1805, foi-lhes infligida a pena de suspensão pelo Ordinário por causa dos exóticos e 'piedosos' costumes que introduziram. Sua sociedade constava de cinco sacerdotes. Seu Superior era certo Hofbauer (*sic*), que foi chamado de padre santo por algumas pessoas do povo" (*MH* IV; cf. XII, 107).

Semelhantemente contraditórios são outros julgamentos contemporâneos sobre Hofbauer e os redentoristas. Só mais um exemplo. Numa carta de 22 de outubro de 1805, o Vigário Geral Inácio Von Wessenberg, citado há pouco (o mesmo que tivera boa impressão do Pe. Hofbauer), tachou os "Patres a

---

[1] Indicações para consulta: – *MH: Monumenta Hofbaueriana* (16 volumes, Krakau – Thorn – Roma – Innsbruck, 1915-1998), importante coleção dos documentos sobre a vida e as obras de Clemente Maria Hofbauer. Vez por outra são citados apenas o volume e as páginas. – *Briefe* (Cartas): *Briefe und Berichte*, Wien – Innsbruck 2000. – *SH: Spicilegium Historicum Congregationis SSmi. Redemptoris* – Revista do Instituto Histórico dos redentoristas em Roma.

Ssma. Redemptione" (sem mencionar Hofbauer) de "famigerados idiotas, exaltados e beatos" (*MH* V 153).[2] E o confessor e conselheiro espiritual da família real francesa no exílio em Mitau, Henrique Edgeworth de Firmont, escreveu dia 15 de março de 1807 a João Douglas, bispo de Londres: "Poucos minutos de entretenimento que V. Ex.[a] lhe concede, serão suficientes, estou certo disso, para descobrir todos os tesouros que Deus acumulou no coração desse homem angélico e para se entusiasmar por ele, como eu mesmo estou" (*MH* VII 25).[3]

Esses julgamentos contraditórios sobre Hofbauer já dizem alguma coisa de sua personalidade. Fica bem claro também que o "perfil" de uma pessoa, seu visual externo e interno, depende do ponto de vista do observador. E esse ponto de vista pode, naturalmente, ser diferente: um ponto de vista a partir do qual se classifica corretamente o observado ou a partir do qual se é injusto com ele.

Será exatamente isso que vai acontecer comigo sobre o que eu disser de Clemente Maria Hofbauer: partindo de

---

[2] Texto em latim: "Patres de Sanctissimo Redemptore, exorbitans fanaticorum cohors, advenerant 30 May 1805. (...) Centrum unitatis novae huius legionis Warsavia Poloniae dicitur. Ob exóticos, quos instituerant usus, sic dictos 'pios', ab Ordinário suspensionis poena profligati fuere 4ta Novembris 1805. Conventus eorum ex quinque constabat presbyteris, quibus certus Hofbaur (sic), a quibusdam e plebe sanctus pater appellatus praeerat" (*MH* IV 134).

[3] Hofer conclui com essas palavras o prefácio de sua biografia: *Johannes Hofer, der heilige Klemens Maria Hofbauer. Ein Lebensbild.* Freiburg, in Breisgau, 1921, p. X.

meu ponto de vista, poderei não perceber algo mais importante ou menos importante nele. Isso significa que, o que eu disser, é limitado e unilateral.[4]

Por um lado, quero tentar dizer o que me cai nos olhos sobre a personalidade de Clemente Maria Hofbauer. Ou, por outro lado, o que desperta minha admiração nesse homem e o que dá para pensar sobre ele.

1. Hofbauer – Cura espiritual com sensibilidade e paixão

O que cai na vista e me impressiona, antes e acima de tudo, é sua atividade apostólica extraordinariamente grande e eficiente. Inclusive, seu "faro" e competência pastoral e, abrangendo tudo, sua paixão pastoral (seu "eros" pastoral).[5]

---

[4] Os outros relatórios do simpósio também foram submetidos a um plano, o que acarreta limitações acidentais.

[5] A atividade pastoral de Hofbauer é tratada aqui de modo breve, porque nesse seminário estavam previstos vários relatórios sobre esse tema. Mas eu não posso deixar passar completamente. Eu não teria falado de Hofbauer se não tivesse dito nada sobre o Hofbauer como cura espiritual. – Sobre a atividade pastoral de Hofbauer, consultar Josef Heinzmann, "Der 'Homo Apostolicus' Klemens Maria Hofbauer", em *SH* 34 (1986) 349-381. Rolf Decot, "Klemens Maria Hofbauer", em Christian Möller, (HG). *Geschichte der Seelsorge in Einzelporträts*. Vol. 2: Von Martin Luther bis Matthias Claudius. Göttingen – Zürich, p. 382-402.

Menciono apenas alguns pontos-chave: A missão "perpétua" na igreja de São Beno em Varsóvia com muitas missas, devoções populares, pregações, confissões e direção espiritual (Hofbauer a descreveu em seu relatório endereçado ao Bispado em Varsóvia, 25.4.1800: *MH* IV 145s.). Dentro de pouco tempo São Beno tornou-se um centro espiritual para os habitantes de Varsóvia.[6] A atividade pastoral em Viena teve, em parte, outros centros de gravitação: a pregação novamente, mas antes de tudo o aconselhamento individual e as reuniões de grupo, como a presença de Hofbauer nos altos círculos e reuniões de salão, intelectuais e políticos.

Na atuação pastoral, Hofbauer estava em seu elemento. É o apóstolo de Varsóvia e também de Viena. Muitos outros lugares no Sul da Alemanha sentiram o vigor de sua atividade. O Núncio Severoli o denominou "homem apostólico" já em 1803 (*MH* V 32).

O que admiro no cura espiritual Hofbauer é o dom de saber dialogar com toda a diversidade de pessoas: o povo simples, os estudantes e professores da Universidade de Viena, os entendidos da Arte e da Ciência, os "pequenos" e os "grandes" (cf. *E. Veith MH* XI 35).

O que também admiro no cura espiritual Hofbauer é seu cuidado pelos necessitados: as crianças em Varsóvia, especialmente os órfãos, os pobres dos subúrbios em Viena.

---

[6] Adam Owczarski, "Die seelsorgliche Tätigkeit der Redemptoristen in der Kirche Von st. Benno in Warschau (1788-1808)", em *SH* 43 (1995), 87-136.

O que se torna evidente é o cuidado com que procurava colaboradores para seu trabalho de assistência religiosa e social.

• As Irmãs Redentoristas

É óbvio que Clemente não chegou a conhecer pessoalmente as irmãs redentoristas durante sua estada na Itália. Dia 23 de maio de 1793, escreveu ao Superior Geral Pe. Blasucci: "Se possível, peço encarecidamente para que me envie uma breve biografia, em latim, de nosso Pai Ligório, falecido santamente, e de outros padres falecidos, para edificação de nossos confrades. Igualmente um compêndio dos estatutos de nossas Irmãs (monjas), com o desenho de seu hábito, e (um comunicado ainda) qual a finalidade de seu Instituto, qual seu carisma e quais os compromissos específicos" (*MH* VIII 37). Dia 31 de março de 1802, reitera o pedido das Constituições das irmãs (VIII 99). Igualmente em 10 de julho de 1802. Uma candidata está interessando-se pela Ordem (Luísa Adelaide de Bourbon Conde: VIII 100s.). E assim novamente dia 27 de janeiro de 1803 (do Monte Tabor, Jestetten, VIII 104). Hofbauer queria ter a Ordem das Irmãs no Norte da Europa. Eram-lhe importantes, evidentemente como Ordem Religiosa aparentada com os redentoristas, mas ele pensa ainda em tê-las como auxiliares na cura das almas. Hofbauer nunca recebeu uma resposta a esses pedidos. Por isso teve de renunciar ao desejo.

• Os Oblatos

Hofbauer fundou uma "sociedade interna" de colaboradores: os Oblatos. Foi moldada na "Amicizia Christiana" do jesuíta Pe. Nicolaus Josef Alberto Diessbach, tendo contudo feições próprias. "A feição característica dessa associação é... a acentuação quase exclusiva do apostolado leigo como tarefa principal dos Oblatos; a defesa da Igreja e da Fé, da moralidade contra as correntes perniciosas da época, forma seu objetivo; a santificação pessoal é entendida como meio e condição prévia.

A execução prática dessas tarefas devia ser tratada nas reuniões feitas regularmente. Como meio principal para fomentar o bem, foi proposto como dever para os Oblatos a difusão de livros sadios. Embora Hofbauer nunca tenha pegado numa pena, era evidente para ele a importância da literatura e da imprensa. Seus padres em São Beno deviam trabalhar aplicadamente em traduções e reedições de bons escritos ascéticos. O santo 'atreveu-se' até a montar uma pequena tipografia."[7]

O Cardeal Litta relata que essa sociedade alcançou larga expansão: "Esse sodalício começou já antes de 1788, logo que os missionários (redentoristas) receberam uma igreja e uma casa de moradia em Varsóvia. De lá foi levado pelo Pe. Hofbauer para várias viagens, também para a Alemanha, de

---

[7] Hofer, op. cit., p. 87.

1795 a 1802, por isso que encontramos não pequenos grupos de seus membros na Silésia, Morávia, Boêmia, Suábia, Áustria, Caríntia, Floresta Negra e na Suíça" (*MH* II 53).[8] Mas também em Varsóvia o número dos Oblatos deve ter sido considerável. Hofer calcula: "Hofbauer deve em boa parte à Congregação dos Oblatos os grandes êxitos de sua atuação pastoral. Em pouco tempo viam-se 'hofbauerianos' representados em numerosas famílias da cidade (Varsóvia), em todos os segmentos da sociedade, e trabalhavam por ele aonde não podia ir pessoalmente".[9]

Portanto, Hofbauer, o "homem apostólico".

2. Hofbauer – Redentorista por convicção

O que admiro em Hofbauer é que ele era redentorista por convicção.

[8] Tradução de A. Innerkofler, *Ein österreichischer Reformator. Lebensbild des heiligen P. Klemens Maria Hofbauer, des vorzüglichsten Verbreiters der Redemptoristenkongregation*. 1910, p. 123. Possuímos a lista dos Oblatos que Hofbauer angariou em Jestetten e Babenhausen: 77 pessoas (*MH* XV 127-131). – Sobre os Oblatos, ver *MH* II 51-62; XIV 145; XV 127-131. – A "Regra dos Oblatos" foi publicada por Eduard Hosp, *Geschichte der Redemptoristen-Regel in Österreich (1819-1848). Dokumente mit rechtsgeschichtlicher Einführung*. Wien, 1939, p. 316-334. – Sobre os Oblatos, ver especialmente Josef Heinzmann, *Das Evangelium neu verkünden. Klemens Maria Hofbauer*. 1986, p. 82-85.

[9] Hofer, op. cit., p. 87s.

Em seu tempo era necessário ser um tanto ousado para ingressar numa Ordem religiosa. Era o tempo do Iluminismo, movimento estatal que tinha pouca compreensão pela vida religiosa. Nos anos de 1780 a 1790, o imperador José II suspendeu cerca de 800 conventos em seus Estados. Dava-se o direito de existir somente às Ordens, que tinham uma finalidade pastoral ou sociocaritativa. Ordens contemplativas não "achavam graça" nos olhos do tempo. Os eremitas ("irmãos das matas") também foram supressos em 1782. Nesse tempo Hofbauer e Hübl entraram na Congregação Redentorista em Roma.

Causa surpresa saber que Hofbauer foi antes "ermitão"; primeiro em Mühlfrauen, perto de Znaim (e talvez em outros lugares), depois em Tivoli perto de Roma (1783). O eremita daquele tempo não era certamente o que imaginamos hoje. A vocação eremítica é comparada, de algum modo, à que hoje entendemos por "vocação religiosa": a catequese e outras instruções faziam parte da vida eremítica. Provavelmente Hofbauer tornou-se eremita, porque estava fechado para ele o caminho do sacerdócio. Mas "a vida eremítica não era sua vocação" (P. Mangold; *MH* XII 104). Abandonou Tivoli após meio ano sem comunicar nada sobre isso a seu companheiro Pedro Emanuel Kunzmann.

Hofbauer não entrou nos Premonstratenses em Klosterbruck (Znaim), embora tivesse trabalhado lá como padeiro, freqüentado a escola e ter gozado das boas graças do abade. Aliás, não teria podido ficar lá muito tempo, pois a abadia foi supressa em 1784.

Hofbauer tornou-se redentorista e assim permaneceu a vida toda. Dia 12 de novembro de 1818 houve uma "batida" policial na casa de Hofbauer em Viena.[10] O comandante da comissão investigadora, Agostinho Braig, colocou Hofbauer diante de uma alternativa, "ou renunciar a sua Congregação ou deixar a Áustria, já que a Congregação não era reconhecida no país. O venerável Servo de Deus escolheu a última, sem hesitar" (Kral: *MH* XI 204; cf. A. Pilat XI 240; e o próprio Hofbauer em sua carta de 28 de janeiro de 1819 ao arcebispo Hohenwart: XIII 134; *Briefe* 146).

O que levou Hofbauer a permanecer em sua comunidade redentorista? Além da vocação, que era a redentorista, também a convicção de que a Congregação tinha uma grande tarefa: servir e promover o povo através do anúncio do Evangelho e da Redenção de Jesus Cristo.

Vejamos alguns acontecimentos na vida de Hofbauer que demonstram sua fidelidade à Congregação Redentorista:

• **Relacionamento de Hofbauer com seus superiores na Itália**

Em 1874 Hofbauer e Hübl tinham entrado no ramo "falso" da Congregação em Roma. Há quatro anos perdu-

---

[10] P. Sabelli havia solicitado um passaporte para resolver "assuntos da Ordem". Isso fez reforçar a vigilância das autoridades sobre Hofbauer e seus confrades e deu motivo propício para intervir.

rava a separação entre as casas do Reino de Nápoles e as do Estado Pontifício. O motivo havia sido o "Regolamento". O fundador Afonso de Ligório vivia em Pagani; Pe. Francisco de Paola era o Superior Geral dos conventos situados no Estado Pontifício.

Pe. De Paola era um homem dinâmico, apostado na independência dos conventos sob sua direção e daqueles do Reino de Nápoles. Naturalmente se alegrou quando os dois alemães, em Roma, ingressaram no ramo da Congregação dirigido por ele. Logo os reenviou para o Norte para lá fundarem casas: para a honra de Deus e a salvação das almas – mas também para a honra do ramo romano dos redentoristas. Pe. Hofbauer manteve um vivo contato epistolar com o Superior Geral Pe. De Paola. Infelizmente suas cartas se perderam; conservadas estão somente as cartas do Pe. De Paola para Hofbauer.

No Capítulo Geral de 1793 em Pagani, restabeleceu-se a união das duas partes da Congregação. Foi eleito o novo Superior Geral na pessoa do Pe. Pedro Blasucci. Tinha sua sede em Pagani (não em Roma), perto de Nápoles. Hofbauer escreveu ao novo Superior Geral para felicitá-lo (Carta de 23.5.1793: *MH* VIII 34-37; *Briefe* 10-13). Mais tarde escreveu-lhe novamente, para colocá-lo ao corrente do estado da Congregação no Norte. Entretanto, o intercâmbio epistolar foi tornando-se cada vez mais difícil. A polícia interceptava as cartas, sempre com mais freqüência (a polícia austríaca era melhor nesse ponto). Daí acontecia chegarem queixas cada vez mais freqüentes de ambos os lados: que não chegou nenhuma resposta; que não fizeram comunicados importantes etc.

Hofbauer pedia sempre notícias sobre o fundador e outras personalidades destacadas da Congregação: Irmão Geraldo Majella, Pe. Genaro Sarnelli...; mas geralmente ou não recebia resposta ou só palavras de consolo.

Hofbauer não foi informado convenientemente sobre a beatificação de Santo Afonso. Aborrecido, escreveu dia 26 de maio de 1816 ao Pe. Giattini, postulador da Causa, em Roma: "Sobre a festa da beatificação de nosso fundador também nada nos foi comunicado, como se não nos interessasse" (*MH* XIII 301; *Briefe* 62). O intercâmbio epistolar ficou totalmente interrompido durante vários anos (1811-1815). Entre Hofbauer e Blasucci entrou o alheamento.[11]

Os conteúdos das cartas parecem-nos muito "áridos". Tratam de informações sobre o estado da Congregação na Polônia e outras partes da Europa; pedidos para mandar livros sobre o fundador e as grandes figuras da Congregação; textos próprios para as celebrações litúrgicas da Congregação; questões pecuniárias, especialmente estipêndios de missas etc.

---

[11] Havia uma série de motivos para isso: Hofbauer e Hübl não foram a Nápoles e Pagani, como estava planejado, na viagem para Roma em 1803. Isso irritou o Superior Geral. Pe. Blasucci suspeitou mais tarde que lá no Norte Hofbauer e Hübl continuaram simpatizantes (em segredo) do Pe. De Paola, que em 1807 foi excluído da Congregação (*MH* VIII 219s. e 228s.)

No Capítulo Geral de 1817 em Pagani foi eleito o Pe. Nicolau Mansione para Superior Geral. Hofbauer não recebeu nenhum convite e nem um comunicado sobre a eleição do novo Geral. Dia 20 de dezembro de 1818 (um bom ano depois), escreveu ao Pe. Mansione: "Revmo. Pe. Geral! Alguns meses atrás recebi por acaso uma notícia não muito clara sobre a eleição do novo Superior Geral. Não foi pelo caminho normal (o correio) que fui certificado dessa alegre novidade. Não fiquei sabendo nem do nome nem algo que diz respeito à digna pessoa de Vossa Paternidade. Não obstante, considero como obrigação de meu cargo transmitir-lhe de coração sincero minhas congratulações e felicitações, bem como de meus confrades, por essa honrosa escolha, juntamente com nossa obediência e nossa veneração a Vossa Paternidade. Peço a Deus que lhe conceda vida longa, o conserve, o fortaleça e o ilumine para que, através de sua sábia direção, nossa Congregação cresça e progrida; para que os membros da Congregação, sem distinção, quer judeus ou gregos, sejam cercados do mesmo cuidado e afeto e vivam unidos pelo laço do amor. É pelo motivo citado acima que nossos protestos de submissão chegam tão tarde. Ninguém me escreveu, o que era tão importante para ficarmos sabendo..." (*MH* XIII 290; Briefe 65).

Nessa carta, Hofbauer informou ainda ao Padre Geral quais as dificuldades que existiam para manter em dia a correspondência. É "tão perigoso manter abertamente uma ligação com Vossa Paternidade através de um intercâmbio epistolar mais freqüente, pois essas ligações de religiosos com Superiores ou conventos no estrangeiro são rigorosamente proibidas pelas leis estatais. Mesmo também quando relato coisas que dizem respeito à vida privada e ao dia-a-dia (como um amigo escrevendo para seu amigo), se for descoberto, eu não poderia escapar da suspeita de estar mantendo e fomentando relacionamento com a Congregação e não poderia escapar das conseqüências danosas que daí adviriam" (*MH* XIII 290s.; *Briefe* 65s.). E pediu aos Superiores que mandassem a correspondência por vias secretas (Princesa Jablonowska em Roma e H. Buchner em Viena).

Apesar de todos os empecilhos, Hofbauer manteve de pé a ligação com os Superiores em Roma e depois em Pagani. Já em 1801 escreveu de Varsóvia para o Pe. Blasucci: "Se não estivéssemos unidos à Congregação com todo o afeto do coração, não agiríamos diversamente de outras comunidades de mosteiros que estão sob o controle do governo atual. Pois para eles, como para nós, está proibida sob pesadíssima pena qualquer comunicação com seus Superiores Maiores. Ninguém deles se atreve a relacionar-se com o Pe. Geral. Nós, porém, temos mantido de pé esse intercâmbio epistolar apesar da proibição, apesar do medo do castigo, no caso de uma descoberta.

Nós nos relacionamos e não paramos de escrever. Naturalmente precisamos agir com esperteza para evitar qualquer perigo, enquanto é possível. Considerai, veneráveis padres e irmãos, que nós gememos sob o jugo de um governo acatólico, e verdadeiramente numa Igreja oprimida" (*MH* VIII 90; *Briefe* 40s.).

Hofbauer não queria desenvolver no Norte uma Congregação própria. Ele queria ser com seus confrades uma parte da Congregação na Itália, difícil como fosse e quantos fossem os empecilhos que se interpunham no caminho.[12]

• Tentativas de fundações

As preocupações em abrir novas fundações demonstram quanto Hofbauer amava sua Congregação e estava ligado com ela. Tentou em mais de 25 lugares; poucas vingaram, e mesmo essas se mantiveram por alguns anos. Mencionemos as mais importantes:[13]

Hofbauer sempre quis ter em Roma ou arredores uma casa para a formação dos jovens redentoristas da Alemanha, Áustria, Polônia. Ainda em 1808 escreveu sobre isso ao Geral Pe. Blasucci (*MH* VIII 116; *Briefe* 521). Encheu-se de

---

[12] Sobre esse tema, conferir: Eduard Hosp, "Sankt Klemens und das Generalat", em *SH* 2 (1954) 150-190. "Ders, Sankt Klemens und der heilige Stifter", em *SH* 2 (1954) 432-450. A. Owczarski, "Le relazioni tra il Vicariato transalpino (di Varsóvia) e il Governo Generale dei Redentoristi durante il soggiorno di S. Clemente Maria Hofbauer a Varsavia", em: SH 46 (1998) 311-340.

[13] Ver a documentação em *MH* XV 165-167 ("itinera") e 169 ("domus Congregationis Transalpinae" e "Fundationes ad effectum non deductae"). Otto Weiss, "Gründungsversuche der Redemptoristen in Deutschland und der Schweiz in den Jahren 1790-1808", em *SH* 47 (1999) 279-306.

amargura porque esse projeto não se concretizou (Carta de 26.5.1816 ao Pe. Giattini: *MH* XIII 300; *Briefe* 62).

Hofbauer desistiu de pensar numa fundação em Viena. Em 1800 correspondeu-se com o Pe. Geral quando se tratou da vinda de um padre italiano para cuidar da igreja dos Minoritas italianos em Viena. Seu plano básico era fazer surgir daí uma fundação redentorista (*MH* VIII 76-82).

As fundações na Polônia são conhecidas como São Beno, em Varsóvia, e Lutkówka. Havia planos para a Galícia (1807; *MH* II 67 e X 257 s.). Na Europa Oriental saiu uma fundação em Mitau (Carlândia, Letônia); uma outra em Heligen Linde, na Prússia Oriental, não pôde ser concretizada.

O alvo principal de Clemente era a Alemanha do Sul e a Suíça. Os lugares mais conhecidos de suas tentativas são: Wollerau, Monte Tabor em Jestetten, Triberg, Babenhausen, Chur.[14]

No Sudeste da Europa surgiu uma fundação: Bucareste. Hofbauer pensou sempre na América, especialmente no Canadá.

E no fim de sua vida entrou ainda em negociações sobre uma fundação na Europa Oriental: Janów na Podolia (hoje, Ucrânia); esta vez Zacarias Werner devia ser o intermediário (cf. Sabelli *MH* XV 139; XI 180 A). Hofbauer queria ir pessoalmente para Janów (*MH* I 88). O governo russo impediu a fundação.

---

[14] De 1802 em diante Hofbauer esteve a maior parte do tempo no Sul da Alemanha e só fez viagens para Varsóvia.

Hofbauer passou muitos anos na estrada, procurando fundar casas para sua Congregação. Suportou grandes fadigas nessas viagens. Às vezes esteve perto do fim, de tanto esgotamento e frustração.

Sobre suas muitas viagens, em 1805 um funcionário prussiano relatou a seu superior militar em Berlim: "O Hofbauer, sem dúvida um grandíssimo fanático, vagueia por toda a parte, sozinho ou com mais membros de sua Ordem, procurando implantar fundações..." (*MH* III 41). Também para alguns de seus amigos, era demais o que Hofbauer empreendeu para difundir sua Congregação. Assim Zacarias Werner deve ter dito "não poucas vezes" (como E. Veith relata): "Pe. Hofbauer seria um santo perfeito se, em todas as ocasiões, não tivesse pensado principalmente em fundar e fomentar suas casas missionárias" (*MH* XI 31).

Eu admiro a firme determinação de Hofbauer pela expansão de sua Congregação.

• Empenho de Hofbauer pela vida da Congregação

Hofbauer procurou não só fundar casas para sua Congregação, conforme suas possibilidades, como também cuidou de seu respectivo preenchimento (com o pessoal). É espantoso constatar como conquistou tantos jovens para a vida religiosa.

Em Varsóvia conseguiu em poucos anos formar uma comunidade internacional. Em 1793 veio o primeiro polonês: Jean Podgorski. Em 1796 vieram José Amando Constantin Passerat e outros três franceses. Em 1808 a comunidade contava 37 membros.[15] Ainda vêm os padres e irmãos que viviam na Suíça, em número de 21.[16] Hofbauer conseguiu ganhar sempre mais jovens para a vida religiosa.[17] Em Viena, em 1820 havia 30 candidatos prontos para ingressar nos redentoristas, assim que chegasse a licença do imperador permitindo à Congregação existir legalmente na Áustria (*MH* XIII 229-231).[18] É admirável como Hofbauer conseguiu tantos jovens para a Congregação Redentorista. Com isso colocou os fundamentos para sua difusão.[19]

• Hofbauer e as regras da Congregação

Surpreende-nos também o fato de Hofbauer – naturalmente por própria responsabilidade – ter adaptado as Regras da C.Ss.R.

---

[15] Adam Owczarski, "Die Redemptoristengemeinde Von St. Benno in Warschau (1787-1808)", em *SH* 42 (1994) 249-290.

[16] Heinzmann, op. cit., p. 122.

[17] Cf. Brudzis em *MH* XVI

[18] Pe. Vannelet, em sua carta de 18.4.1801 ao Superior Geral Pe. Blasucci, criticava o Pe. Hofbauer porque ele aceitava todo o mundo que não era idôneo para a vida religiosa (*MH* XIV 95). Ele podia ter razão em alguns casos: Pe. Egkher era um exemplo disso (cf. P ex. *MH* VIII 95). Mas no conjunto Hofbauer aceitou homens de valor na Congregação.

[19] Hofbauer ganhou também muitas jovens e senhoras para a Ordem religiosa; a polícia de Viena saberia dar informações detalhadas sobre isso (p. ex. *MH* XIII 83s.)

às novas circunstâncias, nas quais seus confrades em Varsóvia e Viena (aliás "estava além dos Alpes") tinham de viver e trabalhar.

Hofbauer e suas Regras – um capítulo que, na literatura especializada, enquanto sei, ainda não foi suficientemente esclarecido (e levado em conta) e que durante muito tempo (nas camadas populares dos redentoristas) teve de ser um tabu. Vamos aos fatos: Em 1749 o Papa Bento XIV aprovou a Regra dos redentoristas. Era então (no dizer das gerações seguintes) a "santa Regra". E o que fez Hofbauer? Redigiu regras próprias em vez de observar a Regra pontifícia! Possuímos várias edições das Regras que Hofbauer elaborou e publicou.[20]

A assim chamada "Regra de 1782"

Em 1782, após a separação das casas do Estado Pontifício das do Reino de Nápoles, Pe. Francisco De Paola mandou imprimir a Regra Pontifícia. Mas existe no arquivo da Província e na biblioteca dos redentoristas de Viena (e também em outros "velhos" conventos na Europa), exemplares da Regra que ostentam o ano de 1782 e o frontispício com

---

[20] Eduard Hosp documentou minuciosamente essa história em sua obra citada acima *Geschichte der Redemptoristen-Regel in Österreich (1819-1848). Dokumente mit rechtsgeschichtlicher Einführung*. Wien, 1939. O título da obra é enganoso; ela contém não somente as Regras publicadas na Áustria, mas também a assim chamada "Regra de 1782 e a "Regra de Varsóvia".

as aprovações oficiais[21] que, porém, impossivelmente teriam sido impressas em 1782. Elas contêm, a saber, uma série de determinações que só foram decididas nos Capítulos Gerais de 1785 (Scifelli) e 1793 (Pagani), especialmente no que se refere às escolas e à educação como fim do Instituto. Por que se jogou no mundo essa falsificação e quem a fez? A resposta para a primeira pergunta não se sabe (exatamente) até hoje. Mas o autor (ou o responsável pela redação) é Hofbauer. Foi redigida em 1793 ou mais tarde, provavelmente em Varsóvia. Essa edição da Regra deve ter sido a oficial entre os transalpinos. Pe. Passerat apresentou-a ao imperador em 1824, por ocasião das tratativas (da aprovação).[22]

A Regra de Varsóvia de 1789

Em 1789 foi editada uma Regra em Varsóvia.[23] Não resta dúvida de que o autor é Hofbauer (ou o respon-

[21] *Constitutiones et Regulae Congregationis Presbyterorum sub invocatione Sanctissimi Redemptoris.* Approbatae a sanctissimo Domino nostro S. M. Papa Benedicto XIV. Secunda editio. Romae MDCCLXXXII. Per Archagelum Casaletti. Cum Licentia Superiorum (s. Hosp, op. cit., 125).

[22] Assim Hosp, op. cit., p. 124. Segundo a opinião de Hosp, vigorou como Regra oficial entre os transalpinos até 1855.

[23] *Constitutiones sive Statuta et Regulae Congregationis Praesbiterorum sub titulo SS. Redemptoris approbata a Benedicto Papa XIV.* Varsóvia Typis Petri Dufour Consiliarii Aulici Sacrae Regiae Majestis. MDCCLXXXIX (ver Hosp, op. cit., p. 195).

30

sável pela redação). Nessa Regra foram colocadas em evidência as Missões como atividades pastorais dos redentoristas, "onde, porém, não era possível, colocou-se em primeiro plano a formação e a educação da juventude".[24] São objetivos que no tempo do Iluminismo tiveram grande aceitação.[25]

Quanto ao mais, num dos exemplares conservados encontra-se um apêndice sobre o papel das Irmãs da C.Ss.R. (Hosp, op. cit., 214-216).

[24] Hosp, op. cit., p. 193.

[25] O editor de Monumenta Hofbaueriana, Pe. Wtadistaw Szotdrski não pôde publicar o texto dessa Regra em *MH* (veja Marian Brudzisz na introdução do vol. XVI de *MH*: XVI 25s.). Hosp publicou estranhamente o texto poucos anos depois (naturalmente após conversa com Szotdrski; mas ele escreveu também uma apologia pelo procedimento de Hofbauer (Op. cit., 194): "Pelo fato de S. Clemente ter mandado para Roma essa Regra através do Núncio em Varsóvia para a Congregação dos Bispos e Regulares, pode-se concluir com segurança que ele fez toda a mudança da Regra de acordo com o Núncio Papal e a submeteu totalmente ao juízo da Sede apostólica. Com isso qualquer censura de que P. Hofbauer tenha alterado a Regra Pontifícia perde sua razão de ser. Baseado nas atas capitulares aprovadas por Roma e de comum acordo com o Núncio e a Sé Apostólica, ele queria encontrar um fundamento canônico para sua única possibilidade de trabalho (na educação) em Varsóvia. De mais a mais, mantinha sempre na mira as Missões como um ideal para o futuro. Circunstâncias de tempo e lugar podem freqüentemente fomentar e justificar situações e decretos de urgência. Só temos de justificar a situação de São Clemente e seu procedimento".

A Regra de 1819

Em 1819 surgiu para Hofbauer a esperança de que o imperador Francisco I aprovasse a Congregação dos redentoristas na Áustria. Durante as negociações a Regra devia ser apresentada. Era evidente que a Regra Pontifícia de 1749 não tinha nenhuma chance de ser aprovada pelo imperador (nem mesmo a assim chamada "Regra de 1782). "Hofbauer aconselhou-se então com o capelão da corte Mons. Frint. Este o aconselhou a conservar a estrutura básica, mas para a Áustria era preciso fazer as modificações necessárias a fim de não criar dificuldades. Frint percorreu a Regra ponto por ponto com Hofbauer e, com seu conhecimento profundo das leis e situações austríacas, fez em tudo suas observações. Pe. Hofbauer reorganizou a Regra nesse rumo. Assim surgiu a Regra que apresentou ao imperador dia 29.10.1819, com uma carta de recomendação. O texto deixa ver claramente que houve uma reelaboração completa da Regra Pontifícia. E quando Hofbauer lembra que se trata de uma tradução exata, deve ser tomado em sentido lato, e somente para uma parte do texto" (Hosp, l.c. 8).

Esses três textos da Regra deixaram o governo geral e alguns outros num grande embaraço;[26] não se pode ser favorável à beatificação e canonização de uma pessoa quando

---

[26] Cf. Szotdrski em *MH* XIII 178 A 1; Brudzisz em XVI 15s.

se chega a saber que ela não observa a "santa Regra", mas escreveu uma nova.[27]

O importante é que Hofbauer não escreveu essas Regras (somente) para corresponder à mentalidade corrente do tempo ou à legislação de um país. Tinha em vista muito mais as possibilidades e necessidades pastorais concretas e o pessoal com o qual iria trabalhar. Em Viena estavam justamente os estudantes e os professores da Universidade; e assim Hofbauer estabeleceu o ensino (em todos os níveis até a Universidade) como tarefa da Congregação.[28]

Admiro a coragem com a qual Hofbauer adaptou a Regra às novas exigências. O que, no passado, foi tido por alguns como um avanço imprudente de Hofbauer, hoje é não só permitido aos redentoristas pelas Constituições, mas também preceituado: Conformar suas atividades pastorais com as exigências de lugar e tempo e colocar isso em seus Estatutos.

• Hofbauer e Afonso de Ligório

Um dos motivos pelos quais Hofbauer amava sua Congregação e trabalhava por ela era sua veneração por seu fundador Afonso de Ligório.

---

[27] Os problemas práticos, o de ter de viver com duas (ou mais) Regras, preocuparam por muito tempo os transalpinos. Cf., p. ex., Hosp, op. cit., 49-52.

[28] Cf. Otto Weiss, "Die transalpinen Redemptoristen und der Zeitgeist", em *SH* 35 (1987) 155-170; sobre as Regras de Hofbauer, especialmente p. 165-170.

Hofbauer ouviu falar de Afonso antes de entrar na Congregação. Pe. Diessbach tornou-o conhecido através de seus escritos (talvez tenha até sido um motivo para Hofbauer procurar os redentoristas em Roma e pedir para ser aceito por eles). Deve parecer lamentável que Afonso e Hofbauer não se tenham encontrado pessoalmente e não tenha sido propiciado a Hofbauer visitar o túmulo de seu venerando "pai".

É surpreendente saber quão bem informado Hofbauer estava sobre a difusão dos escritos de Santo Afonso. Pe. Tannoia escrevia-lhe em Varsóvia (perguntando) se nos países nórdicos da Europa as obras de Afonso eram conhecidas (2.1.1801: *MH* VIII 116-118). Hofbauer respondeu-lhe com uma carta de dez páginas (VIII 118-126) e informou detalhadamente sobre as traduções das obras de Afonso para o alemão, francês, polonês e tcheco (cf. Carta de 26.5.1816 ao Pe. Giattini: XIII 299; *Briefe* 60). Estava também ciente do fato de estarem circulando com o nome de Afonso obras que não eram de sua autoria (VIII 123); talvez a "Amicizia Christiana" o tenha auxiliado nessas informações.

Pelas cartas de Hofbauer sabemos também quais escritos de Afonso estavam à disposição na biblioteca de São Beno em Varsóvia: A Teologia Moral, *Homo apostolicus, Praxis confessarii...*[29]

---

[29] Carta de 31.3.1802: *MH* VIII 99; cf. Carta de 22.1.1808: VIII 104; também o fichário da biblioteca de São Beno: IX 73.

Em 1806 P. Hübl solicitou para São Beno, certamente com o assentimento ou a sugestão do Pe. Hofbauer, uma lista das obras de Santo Afonso (*MH* VIII 222s.). Hofbauer também promoveu traduções das obras do Fundador para o polonês e o alemão (*MH* VIII 80; XI 13). Pe. Hofbauer fez muito para tornar Afonso conhecido e venerado (ainda não havia sido beatificado). Mandou pintar (*MH* XI 61) e imprimir (XIII 299; *Briefe* 60s.) santinhos e os enviou para os confrades na Itália. "Eu... trabalho aqui para o crescimento de sua devoção, a fim de que Deus seja glorificado através de seu Servo, sob cuja proteção nós labutamos" (XIII 301; *Briefe* 63). Ele deve ter ficado muito sentido porque não foi posto a par da beatificação do fundador.

Aliás, Hofbauer não estava interessado apenas em Afonso. Sabia falar dos outros grandes redentoristas do tempo do fundador: Geraldo Majella, Gennaro Sarnelli; estava sempre pedindo as biografias desses homens. "Lamento muito porque nada nos foi enviado sobre as outras obras, já solicitadas diversas vezes, a saber, a biografia de nosso veneradíssimo pai Afonso e outros confrades que morreram com fama de santidade, e cujas biografias Pe. Landi escreveu em italiano nos Anais da Congregação. Estive pouco tempo na Itália com o Pe Hübl; não tínhamos tempo de copiar nem o necessário; por obediência precisamos voltar para o Norte; nem pudemos prolongar mais nossa estada, também devido às inclemências do verão que se aproximava. Só pudemos copiar abreviadamente a metade da biografia do Servo de Deus

Geraldo Majella. Agora somos interrogados pelos confrades sobre a origem, a difusão de nossa Congregação e coisas assim. Só podemos dizer-lhes o que pudemos reter em nossa fraca memória. Além do mais, cada um quer saber o que ela é, como é, onde e como surgiu, quem é o fundador e o que de notável se deve saber de sua vida. Portanto, queira Vossa Paternidade providenciar para que tudo o que se refere à Congregação seja anotado tanto para a edificação de nossos padres, como também do povo que ama nossa Congregação; enfim, tudo o que é necessário ou útil saber. Gostaríamos de encontrar tudo pronto no próximo Ano Jubilar quando um de nossa comunidade – caso Deus conceda a paz e a tranqüilidade para a Itália – for a Roma" (Carta de 22.7.1799 ao Pe. Blasucci: *MH* VIII 66; *Briefe* 28).

Hofbauer queria fazer conhecidas as personalidades do tempo do fundador para as novas gerações de redentoristas na Polônia e Alemanha. Isso demonstra também a fidelidade de Hofbauer a sua Congregação.

Admiro Hofbauer, pois, apesar de todos os empecilhos e contratempos, manteve-se tenazmente (fiel) a sua Congregação.

3. Hofbauer – O católico crítico

E. Veith relata, como depoente no processo de beatificação em 1864: "Ouvi freqüentes vezes dele (Hofbauer) na presença de outros esta confissão: 'Eu sou orgulhoso, sou vaidoso, não aprendi nada; mas uma coisa eu sou: católico da cabeça aos pés'" (*MH* XI 33).

Hofbauer trabalhou por sua Igreja católica durante uma vida inteira, cercou-se de cuidados por ela e sofreu também nela e por ela. Hofbauer empregava freqüentes vezes a expressão corrente naquele tempo "seja para o bem da Igreja e salvação das almas". Mas para ele o "bem da Igreja" não era simples retórica.

O que chama a atenção do observador de hoje é que Hofbauer mantinha estreitas ligações com as autoridades eclesiásticas.

Os Papas estavam um tanto distantes, geograficamente falando. Mas Hofbauer e Hübl tiveram audiência com Pio VII em sua última viagem a Roma. "Hofbauer recebeu da boca do Papa a aprovação da Associação dos Oblatos e também diversos favores. O Santo Padre lhe deu como lembrança um terço que ele venerou a vida toda como uma relíquia" (Hofer, op. cit., 161). Dia 12 de julho de 1818, Hofbauer escreveu de Viena para Pio VII exprimindo sua alegria pela beatificação de Santo Afonso. Ele o fez em nome de "toda a Congregação transalpina, que abrange também a Polônia, Suíça e ainda Bucareste na Valáquia" (*MH* XII 250).

Causam admiração as relações de Hofbauer com os Núncios: Fernando Saluzzo em Varsóvia, Antônio Gabriel Severoli em Viena – com este mantinha estreitos laços, como demonstram suas muitas cartas a Severoli; mas também com o Núncio em Lucerna, Fabrício Testaferrata. Os Núncios eram seu apoio em favor da Igreja universalmente conhecida, ante o aperto sufocante dos governos. Além das fronteiras da Áustria também existe mundo e Igreja viva.

Hofbauer mantinha também as melhores relações com o arcebispo de Viena, Sigismundo Anton Graf Hohenwart. A polícia, que o vigiava passo a passo, soube relatar em 1815: "O Padre Hofbauer... foi nomeado confessor das Ursulinas pelo arcebispo daqui (Hohenwart), o que denota uma confiança especial na pessoa e no modo de ensinar de Hofbauer. Principalmente o Exmo. Arcebispo Príncipe lhe é muito afeiçoado, passa-lhe muitos favores e o tem quase toda a semana a sua mesa" (*MH* XIII 51). Que o mesmo Hohenwart em 1815 tenha proibido Hofbauer de pregar (a pré-história disso nos é desconhecida até hoje) é uma questão especial em seu relacionamento. Mais tarde Hohenwart contribuiu muito para que Hofbauer recebesse do imperador o consentimento para introduzir a C.Ss.R. na Áustria.

Levado por esse zelo pela Igreja, Hofbauer também tentou influir na nomeação de bispos. A mais conhecida iniciativa desse tipo foi em 1817 o parecer de Hofbauer sobre João Miguel Sailer (*MH* XII 258s.; *Briefe* 120-22). Seu parecer impediu a nomeação de Sailer para bispo. Uma outra intervenção de Hofbauer foi sua recomendação a favor do conde Von Wambold para sucessor de Dalbergs em Constança. Hofbauer escreveu nessa ocasião ao secretário estatal do Cardeal Consalvi (*MH* XII 251-253; *Briefe* 118s.) e ao Príncipe da coroa Ludwig von Bayern (*MH* XII 253s.; *Briefe* 170-172).

Vistas em conjunto, essas iniciativas diretas de Hofbauer não passaram de exceções. Verdade é, todavia, que durante o Congresso de Viena e nos anos seguintes ele tomou parte ativa na reorganização da Igreja na Alemanha e na Áustria.[30] Hofbauer deu diversas vezes mostras de seu cuidado pela Igreja. Em muitas cartas se queixa não só da ignorância religiosa e da depravação moral dos cristãos católicos em diversos países (Polônia, Bulgária etc.), mas também da conduta e da vivência dos sacerdotes, de bispos incapazes, impossíveis. Sabe (quase) sempre apresentar propostas de como fazer.

Hofbauer mostrava-se sempre alegre quando a Igreja acusava um aumento, especialmente de convertidos. Hofbauer mesmo levou muitos para a Igreja católica. O Núncio Severoli escreveu em 1814 ao Cardeal Litta em Roma: "Os (protestantes) que se convertem em Viena, comumente, são conquistados pelo Pe. Hofbauer" (*MH* XIV 117). Alguns dos convertidos que foram acolhidos pela Igreja através do Pe. Hofbauer: Christian e Friedrich Schlosser, Johann e Phillip Veit.

Muitos atestam que Pe. Hofbauer tratava os protestantes com grande cordialidade, com muita compreensão, sem aquele estreito horizonte "católico". Um exemplo conhecido é Frederico Perthes; este também relata a expressão de

---

[30] Cf. também nesse assunto: Andréa Sampers, "Pareri di S. Clemente M. Hofbauer e di Gregório Ziegler circa la nomina di vescovi nei paesi germanici", em *SH* 20 (1972) 386-392.

Hofbauer: veio a separação da Igreja por Lutero "porque os alemães precisavam ser (mais) piedosos" (*MH* XI 327).[31] Hofbauer também entendia o lado "existencial" e emocional das pessoas em assuntos de pertença a outras "confissões" religiosas. Testemunhas dizem que ele nunca instigou ou até forçou alguém a mudar de religião. Sabia levar para o lado do humorismo certas afeições ou aversões emocionais. Clemente Brentano conta de sua tia: ela dissera que não passaria para a Igreja católica porque "não poderia adorar o Papa e detestava os paramentos da missa". Hofbauer retrucou (em tom jocoso): "A senhora já é católica; não precisa fazer a primeira (adorar o Papa), porque isso é contra a doutrina da Igreja católica; quanto à segunda, nada impede que continue detestando as roupas da Missa!" (*MH* XI 262).

Quanto a seu relacionamento com os judeus, seria necessário levantar uma pesquisa à parte.

---

[31] Relato completo de Perthes em *MH* XI 325-328. Vamos ao contexto: "Estávamos conversando sobre a Reforma e aí Hoffbauer disse: 'Desde quando, como enviado pontifício à Polônia, pude ver lá a situação religiosa dos católicos e, na Alemanha, a situação dos protestantes, fiquei convencido de que a decadência na Igreja começou porque os alemães tinham e têm ainda necessidade de ser mais devotos. A Reforma se espalhou e se manteve, não por causa dos hereges e filósofos, mas porque as pessoas queriam uma religião que falasse ao coração. Eu disse isso ao Papa e aos Cardeais em Roma, eles, porém, não acreditaram em mim e sustentam que a hostilidade contra a Religião é devida à atuação da Reforma'" (S. 327). Richard Kralik achou "impossível que essas palavras pudessem ter sido ditas nesse teor" (ib. 328 A 1). Provavelmente foi também essa a opinião de Szotdrskis. Sobre isso conferir Hofer (Op. cit., S. 384s. A).

É surpreendente que Hofbauer – não obstante sua fidelidade e amor à Igreja – entendesse o sentido da expressão "fora da Igreja" e pensasse de modo positivo sobre a vida e o futuro destino das pessoas extra *Ecclesiam* (fora da Igreja). Na verdade, algumas testemunhas do processo de beatificação (entre elas o próprio E. Veith: *MH* XI 33) relatam que Hofbauer estava convencido de que "fora da Igreja não há salvação" – convicção corrente da época. Mas soa diferente uma afirmação que o Pe. Pajalich relata em suas "memórias da vida do E. D. G. João Clemente Maria Hofbauer" (*MH* XII 134-233): "Ele acentuava da melhor maneira a sorte feliz dos católicos crentes por terem nascido no seio da Igreja, a única esposa de Jesus Cristo, porque somente nela encontramos a salvação eterna. A isso costumava fazer as seguintes objeções: Mas como poderá alguém dizer que só seremos felizes na Igreja católica? O que vai ser dos turcos, dos chineses e inumeráveis outros? A essa pergunta ele respondia, sucintamente: Quem se acha inocente, não se condenará. Deus não condena quem é inocente... Ele ilumina cada pessoa que vem ao mundo, diz São João em seu Evangelho, e São Paulo nos diz bem clara e distintamente que a vontade do Pai é que cada um seja feliz e chegue ao conhecimento da verdade. Aqueles, pois, que não ouviram a pregação do Evangelho, mas vivem conforme a lei da natureza e ficam atentos à luz que Deus proporciona a cada um, e se eles a seguem lá onde se encontram, conseguirão a salvação através dos meios que Deus lhes conceder... Não, não, repetia o Servo de Deus, Deus não condena ninguém que não é culpado" (*MH* XII 172).

Se essa informação é correta (e cada qual a interprete com mais ou menos rigor), Hofbauer era um homem que, nesse ponto da Teologia de seu tempo, estava à frente.

Admiro em Hofbauer o quanto ele se angustiou com as urgências da Igreja de seu tempo, quanto ele trabalhou pela Igreja e como a estimou.

4. Hofbauer – O homem

Hofbauer caracterizou-se a si mesmo: "Eu sou orgulhoso, sou vaidoso, não aprendi nada; mas sou católico dos pés à cabeça" (*MH* XI 33). Essas expressões são sempre e naturalmente modos de falar, e por isso corretas até certo ponto, mas dizem alguma coisa.

• Não aprendi nada

O currículo escolar de Hofbauer teve falhas. Ele não teve tempo e nem dinheiro para adquirir uma formação em regra. Isso vale para sua formação teológica e também para a formação científica em seu conjunto.

Hofbauer não poderia, com certeza, entrar como perito nos debates dos círculos de Schlegel sobre Romantismo. Nem nos temas de Filosofia e nem no terreno da poesia e da arte (alguns relatos dizem que ele saía sorrindo e caçoando um pouco desses temas). Hofbauer não estava familiarizado com o Romantismo e nem com o Iluminismo. Apenas experimentou e sentiu, viveu e suportou suas manifestações na sociedade e na Igreja.[32]

Hofbauer sensibilizou-se mais com o Romantismo, mas nem tudo nele o agradou; por exemplo, era fundamentalmente avesso às tendências dos "(pseudo) místicos". Aí está um motivo por que ele se afastava de J. M. Sailer. Pelo mesmo motivo era contrário e alérgico a essas "visionárias" (ver controvérsias com Sabelli).

Hofbauer teve dificuldades com as idéias do Iluminismo e suas aplicações no terreno religioso (pregação, formas de piedade, teologia e política). Já em Varsóvia, mas antes na Alemanha do Sul, em Jestetten e Triberg, o motivo para se negar a permissão para o estabelecimento e o trabalho dos redentoristas foi a mentalidade e o modelo pastoral diferente de Hofbauer. O pároco de Schonach em Triberg, João Schwab, queixou-se numa carta dirigida à Cúria de Constança que "nós, párocos da redondeza, estamos tendo muito trabalho para 'consertar' a cabeça dos que ficaram 'perturbados' por eles (os redentoristas) e para reconduzi-los ao caminho certo" (*MH* IV 100). Por outro lado, Hofbauer não rejeitava tudo o que vinha do Iluminismo. Assim, por exemplo, seu empenho na educação, em perfeita consonância com os objetivos do Iluminismo, quando bem conduzidos. Hofbauer fez muito pelo ensino em Varsóvia, em Viena (cf. Instituto Klinkowströmensche); introduziu na Regra dos redentoristas o ensino, inclusive o professorado nas Universidades.

---

[32] Para o tema "Hofbauer e seu tempo" ver o relato do Dr. Rolf Decot: "Hofbauer in Gespräch und Auseinandersetzung mit seiner Zeit".

Hofbauer foi um homem de seu tempo: caminhando passo a passo com ele, mas numa crítica distância dele.[33]

Viajando pela Europa

Apesar de sua formação incompleta, Hofbauer foi um homem viajado, no sentido real e figurado da palavra. Teve a felicidade, já desde o nascimento, de se aclimatar em duas culturas: sua mãe falava o alemão e seu pai era tcheco. Tinha ainda a vantagem de ter nascido e crescido num país de cunho multinacional e multicultural: o império austríaco. Em suas viagens para Roma e permanência em Tivoli, Hofbauer travou uma amizade com o mundo da Itália. Mais tarde a Polônia, Varsóvia, tornou-se sua pátria. A língua desse país torna-se "uma segunda língua materna para o Pe. Hofbauer", relata em 1815 o agente secreto encarregado de espioná-lo em Viena (*MH* XIII 68).

Hofbauer cruzou a Europa várias vezes e durante muito tempo, apesar das fronteiras bastante fechadas (nunca teve um problema sequer com os passaportes) e das muitas guerras. O quanto era "europeu" comprovam os lugares em cujos arquivos e bibliotecas encontram-se documentos sobre ele. Para citar os mais importantes, de Lemberg sobre Varsóvia,

---

[33] Josef Woolf em seu *Travels and Adventures* tem algumas observações acertadas, mas se enganou quando escreve que Hofbauer "parece ser um homem que voltou da Idade Média" (*MH* XVI 86).

e Dresden, Krakau e Viena, Munique e Roma, até Berna e Paris. Não será fácil encontrar outro santo que ocupou as autoridades e os aparatos policiais de tantos países.[34] Hofbauer viajou pela Europa. Conhecia as pessoas e estava bem informado sobre a situação da Igreja na Europa. Causa estranheza ter Hofbauer feito às vezes certos julgamentos sobre países e regiões da Europa. Assim sobre os italianos (*MH* VIII 78, 80s.; XIV 122; *Briefe* 180s.), sobre a Polônia (VIII 46); entretanto, encontrou palavras tão amáveis para os vienenses. Em sua carta de 19.8.1800 ao Superior Geral Pe. Blasucci escreveu: "Nunca vi um clero tão honrado como em Viena. Embora há mais de 30 anos sob a influência de Maria Teresa, e muitas cadeiras de ensino estivessem nas mãos de professores, inimigos do nome cristão, e Viena tenha sido chamada ninho de muitos inimigos da fé cristã, especialmente no tempo do imperador José II, não obstante tudo isso, em nenhum lugar encontrei tal piedade e devoção como lá" (*MH* VIII 78; *Briefe* 35).

Não se deve levar tanto a sério essas e outras expressões. Hofbauer escreveu sob o impulso da emoção, no meio da preocupação e da angústia, levado pela amargura ou por alguma intenção determinada, para conseguir auxílio ou impor alguma coisa. Dever-se-á confrontar essas expressões com outras já feitas, nas quais ele diz algo bem diferente. Assim, volta a falar repetidamente dos italianos e de sua fidelidade à Igreja; numa carta

---

[34] Cf. em *MH* XV 205s. o *Index archivorum resp. bibliothecarum de quibus acta in fasc. I-XV publicata deprompta sunt.*

posterior lembra-se com satisfação de Varsóvia e das experiências positivas que fez por lá (cf., p. ex., *MH* XIV 16; *Briefe* 114).

- **Sou orgulhoso, sou vaidoso**

Naturalmente Hofbauer não teve somente fraquezas, mas valores também. Citemos algumas qualidades que se destacam nele. Era um homem dinâmico, empreendedor. Deve ter tido também uma boa compleição física. Caso contrário não teria agüentado as canseiras de suas longas viagens e os trabalhos estafantes das novas fundações. Não era como um "aventureiro" desligado. Tinha sensibilidade. Estava sujeito a um grande abatimento. Prova disso são o esgotamento físico sofrido em 1798 na Suíça (ver a correspondência: *Hübls Brief an Hofbauer MH* I 16-19, *Jesterhein* I 20 s., 25) e também o forte e prolongado abalo pela morte do Pe. Hübl (VI 60, 59; *Briefe* 140, 143).

Hofbauer era um homem criativo que sabia tirar alguma coisa do nada. Suas iniciativas pastorais em Varsóvia e Viena confirmam.

Hofbauer era um homem acessível. Isso transparece em sua pastoral, em seu relacionamento com os jovens estudantes, em sua casa em Viena. Isso se prova também pelo grande círculo de amigos, especialmente em Viena;[35] e entre seus amigos, grandes figuras incomuns: Zacarias Werner, por exemplo. A esse grupo de amigos pertencem também as mulheres, só para nomear as

---

[35] Heinzmann, op. cit., 186-189.

mais conhecidas: Doroféia Schlegel, Sofia Schlosser, Juli Zichy (o Romantismo deu grande importância às mulheres).[36] A jovialidade também fazia parte de sua natureza, como relatam as testemunhas (p. ex. *MH* XI 304). E. Veith relata que ele "podia ser avesso a tudo, menos à jovialidade" (XII 248). Seu amor à musica é sempre mencionado pelos contemporâneos. Ele pessoalmente gostava de cantar. Reservou, como é conhecido, um lugar destacado para a música nas celebrações do culto divino (cf. suas controvérsias com o Superior Geral e a lista das composições disponíveis em São Beno, *MH* XVI 155-157, também VI II 240, 246s.). Em 1806, Hofbauer e Hübl viram-se numa situação crítica em Viena. A situação dos redentoristas no Sul da Alemanha era desesperadora. Hofbauer não podia voltar para a Alemanha por causa da guerra e o caminho para Varsóvia estava barrado. O que fizeram os dois? Foram comprar um piano para a comunidade de Varsóvia e tiveram de enfrentar todos os sacrifícios para levá-lo até lá (VIII 232s., 244)!

---

[36] Temos recolhido algumas expressões de Hofbauer que não são muito lisonjeiras para elas. Por exemplo: "Agradeço a Deus porque não sou mulher e não tenho mulher" (conforme Pajalich *MH* XII 163; ou "Você deve despir-se da mulher e tornar-se um homem, se é para se poder fazer alguma coisa de você", em Rizzi, XII 239). Devem ser palavras que foram ditas numa situação concreta, para produzir determinado efeito (nos jovens estudantes da Congregação, como parte de uma estratégia sobre a guarda do celibato). Sobre esse tema "Hofbauer e as mulheres", no artigo de Andréas Sampers, *Der hl. Klemens und die Frauen*. Com uma carta de Doroféia Schlegel e uma carta de Philipp Veit, em *SH* 7 (1959) 68-86.

Esses são alguns traços característicos e positivos de Hofbauer. Tinha também suas fraquezas e limitações. Ele mesmo cita alguns; outros defeitos foram transmitidos pelos contemporâneos que o toleraram (especialmente os redentoristas). Pe. Leggio se queixava do furor hofbaueriano (*MH* VIII 29), de sua natureza impetuosa (mas aqui são dois tipos iguais). Pe. Passerat também se queixava do "carattere troppo vivo ed austero" de Hofbauer (*MH* VIII 203); igualmente Josef Wolff tem o que dizer do "caráter muito violento (*MH* XIV 82). Não raro a ira tomou conta dele (por exemplo, em sua disputa com Stark e Sabelli: *MH* 20s.).

É sabido que Hofbauer tinha uma natureza dominadora. Pe. Vannelet, numa carta ao Superior Geral Pe. Blasucci dia 18.4.1801, escreveu: "Omnes debent se dirigere ad arbitrium R. P. Hofbauer, coram quem contremimur" (Todos devem deixar-se conduzir ao sabor da vontade do P. Hofbauer, diante do qual ficamos tremendo: XIV 107). Um velho amigo seu, Emmanuel Kunzmann, também não se acertava com ele; desistiu de ir a Roma (*MH* VIII 19) e voltou para Varsóvia.[37]

Esse temperamento violento era-lhe prejudicial quando envolvido em debates e negociações difíceis. Sabelli disse de Hofbauer que ele não sabia argumentar com objetividade; ao contrário, apelava logo para o Juízo Final (*MH* V 139), como fez por ocasião da intervenção policial no convento em 1818

---

[37] Mais tarde, Hofbauer visitou Kunzmann numa peregrinação para Maria Zell, em Heiligenkreuz, como relata Pajalich: *MH* XII 157s.

em Viena (*MH* XI 25, 41, 84s., 322, XV 35). Era uma felicidade ter o Pe. Hübl a seu lado em Varsóvia. Este, como seu "secretário" (*MH* VIII 33 A 1), pôde amenizar muita coisa; tinha diplomacia e gozava de grande prestígio em Varsóvia.[38] Hofbauer também não era isento de preconceitos. Os mais conhecidos são aqueles contra J. M. Sailer. Seus amigos tentaram dissuadi-lo disso, mas sem resultado (assim, Dorotéia Schlegel: *MH* XII 269). "Os santos também podem errar" (*MH* XV 16). Eu também tenho a impressão de que Hofbauer se amargurou por isso em seus últimos anos. É o que fazem supor algumas de suas cartas ("se meus Superiores me tivessem ajudado... se em Roma me tivessem escutado... se Saluzzo...": XIII 300; *Briefe* 60).

Pe. Hofbauer estava ciente de suas fraquezas. É conhecido o que disse de sua impetuosidade: "Agradeço a Deus; pois se não a tivesse, estaria tentado a beijar minhas próprias mãos por respeito a mim mesmo" (Madlener/Kral *MH* XV 21).

5. Hofbauer – O Santo

Poder-se-ia formular a seguinte pergunta: Depois de tudo isso, onde está o "santo" em Clemente Hofbauer?[39]

---

[38] Pe. Tadeu Hübl morreu de tifo em Varsóvia dia 4 de julho de 1807. (Cf. Heinzmann, op. cit., Seiten 123-127). Uma placa comemorativa na igreja de São Beno em Varsóvia faz memória deste personagem importante. Faz muito tempo que se deseja uma biografia dele.

[39] Esta pergunta me veio ultimamente de várias partes.

Que "milagres" ele fez? Ou onde encontrar algum indício de sua santidade?

Mal se contam milagres e acontecimentos extraordinários de Hofbauer (cf. Hofer, op. cit., 399-403). Ele pessoalmente era cético no que se refere a visões e revelações (ver mais uma vez seu conflito com Sabelli e também com Sailer).[40] Hofbauer era um santo em cuja vida não se deram fatos extraordinários; nele tudo era extraordinário.

Hofbauer distinguiu-se nas "virtudes" específicas que o fazem reconhecer como santo? As atas do processo de beatificação deveriam dar alguma informação a esse respeito; pois as testemunhas são interrogadas sobre as virtudes (*de virtutibus*) do Servo de Deus, pois lhes era fornecida uma lista de perguntas: virtudes teologais, virtudes cardeais... (cf. a documentação em *MH* XV 167s.). No caso de Hofbauer as atas não fornecem nada de especial. Pode-se apenas tirar alguma coisa do "obiter dicta", isto é, do que as testemunhas relataram de passagem. O que as próprias testemunhas fornecem atrapalha e deturpa a imagem do santo. Segundo a opinião desses depoentes, o santo devia ser, por exemplo, uma pessoa que mantinha os olhos baixos (XI 79 passim), que não olhava para as mulheres (XI 53, 239, 300), que era manso e paciente... Assim deveria ser

---

[40] Parece sair de seu esquema o relato enviado ao Superior Geral Pe. Blasucci a respeito de acontecimentos extraordinários ocorridos nas Missões de Itow e Brochow: *MH* VII 92-96 (Hübl nada escreve sobre isso: VIII 215).

o santo! As testemunhas disseram isso tudo de Hofbauer. Mas ele não era assim!

Contudo, podemos chamar de "virtudes" as seguintes qualidades que distinguem Hofbauer:

Sua paixão pela pastoral. Paixão pelas pessoas em suas necessidades espirituais e materiais. E a ação quase impetuosa que brota disso (cura das almas e assistência cuidadosa). Depois, a ligação com Deus na fé. Um de nossos cantos a São Clemente o louva como "herói da fé". Ele mesmo conheceu a força de sua fé e apreciou-a como um dom especial, que não se compra com dinheiro nenhum.

Em seguida, sua oração contínua: fundamentada na família, fortalecida na vida eremítica, a oração é para Hofbauer uma expressão natural em todo o seu trabalho. Freqüentes vezes se conta que ele rezava o terço no caminho, ao visitar um doente em Viena (*MH* XI 88, 102). Bateu à porta do tabernáculo quando não achou outra saída (*Czech* XI 77). Disse uma vez a Dorotéia Schlegel que ela devia escrever assim para seu filho Felipe: "Mando dizer-lhe que estamos rezando tanto por ele que a boca dói até" (*MH* XII 274).

E também a serenidade no sentido do "abandono à vontade de Deus". Em todas as suas derrotas, Hofbauer tinha força para aceitar a vontade de Deus. Somente um exemplo: Depois da catástrofe de São Beno dia 20 de junho de 1808, ele escrevia no dia 28 seguinte ao arcebispo Raczynski em Gnesen: "Contudo é a vontade de Deus, seja bendito. Ele permitiu que assim acontecesse, porque não éramos como deveríamos ser" (*MT* XVI 101; *Briefe* 144s.; cf. também, p. ex., XV 40).

Até onde a Ascese no sentido de disciplina do corpo é parte da santidade? Hofbauer e os redentoristas têm feito intensivamente os "exercícios de penitência", conforme o costume de então: o jejum, a "disciplina", a flagelação, diariamente em certas épocas do ano (MH V 110), e outros exercícios de penitência. E têm mantido em seus candidatos esses exercícios (cf. *MH* V 40).[41]

As "formas de piedade" de Hofbauer ("formas de piedade" no sentido de costumes religiosos, orações, prática da celebração dos Sacramentos, pontos de vista predominantes na Teologia) estavam em uso nesse tempo. Hofbauer cuidava apenas para que o tom de severidade, como era típico no Jansenismo, não prejudicasse (cf. por exemplo suas comunicações à condessa Chotoniewska: *MH* XI 180 A 1).

A encarnação de Deus em Jesus era-lhe central em sua visão das coisas (*MH* XI 20: "Minha carne assenta-se no

---

[41] É questionável se os relatos do Pe. Januário Frey OSB sobre os pretendidos e extravagantes costumes introduzidos pelos redentoristas correspondem aos fatos: "As mulheres livres vão comungar (em Jestetten), ora com cincerros, ora com cordas... Nesse dia as empregadas deviam andar com tiras ao redor do corpo e do pescoço – também com lanternas acesas e cabeça coberta..." (*MH* V 116; cf. 118). Mas havia quem achasse bom.

trono da Santíssima Trindade".[42] Assim também a devoção eucarística: Ele a prescreveu na Regra de Viena para seus confrades (Hosp, op. cit., 237s.).

A devoção a Maria era para Hofbauer uma coisa natural. Ele acrescentou "Maria" em seu nome.[43] Não tolerava que alguém citasse Maria sem acrescentar um título de honra. A quem dissesse simplesmente "Maria" ele costumava perguntar: "A que Maria você se refere, àquela do Egito?" (Quem se refere a isso, por exemplo, é o Cardeal Rauscher: *MH* XI 13; cf. XI 149). Ele a chamava de "minha Bela" (XI 321; cf. também Pajalich XII 159).

Mas existem em Hofbauer acentos que são típicos dele? Para isso se deveria estudar detidamente "o livro de orações e cânticos" que Hofbauer mandou compor para os redentoristas em Jestetten.[44] Não se pode também esperar muita coisa disso, porque

---

[42] Como um eco disso, diz Henrique Suso Waldeck: "Agora, cante-se forte: A criatura venceu o Criador. O homem escondeu-se em Deus. Eu me belisco alegre nos braços e pernas dizendo: Esta carne de Adão cresceu entre o Pai e o Espírito no Ser Trinitário". Waldeck era redentorista, mais tarde, porém, deixou a Congregação. No lado externo da igreja de Maria am Gestade, em Viena, encontra-se uma placa comemorativa sobre ele.

[43] O nome "Clemente" tinha relação com São Clemente de Ancira, cuja festa era celebrada dia 23 de janeiro. Este dia também era comemorado pelos confrades como dia onomástico do Pe. Hofbauer: *MH* V 107; VI 82 A 2.

[44] "Gebeth = und Gesang = buch, contendo também as devoções para os diversos tempos do ano litúrgico. J. Hofbauer Sac. Congr. Ssmi. Red. Anno 1805 em Jestetten." É possível que Hofbauer tenha tido diante dos olhos esse e outros livros de cânticos quando escreveu: "Eles cantam nossos cantos na Alemanha e na Suíça" (*MH* VIII 115)? Ao preparar este trabalho, eu não tinha ainda em mãos a edição do manual de orações

muitos desses cantos eram bastante comuns; portanto, não caracterizam as preferências de Hofbauer. Os cantos marianos estão, proporcionalmente, bem representados nesta seleção, entre outros "sua canção favorita" (Hurez, *MH* XI 286): "Agora, ó céu, escuta o meu clamor (*Gebetbuch* 118-120) e "Montes e colinas, jubilai" (ib. 93-95; *MH* XI 1820).[45] As orações dos manuais de devoção também estão sujeitas à época, quanto ao conteúdo e à forma.[46]

Percebe-se uma particularidade na meditação e na oração de Hofbauer: a importância que ele coloca na atuação do Espírito Santo. Em seu diretório para as festas e as celebrações dos transalpinos, ele escreve: "Com o Advento começa a preparação para Pentecostes. Todas as festas convergem para a vinda do Espírito Santo. Para isso nasceu Cristo, foi circundado e sofreu, para no-lo merecer" (*MH* V 109).[47]

e cânticos que Maria Brudziz publicou em *HS* 49 (2001) 79-163: "Devotio oder Andacht sowie dieselbe in der deutschen National-Kirche des heil. Benno von denen Priester aus der Versammlung des Heiligsten Erlsösers in jedem Sonn– und Feyertagen durchs ganze Jahr gehalten wird".

[45] Ainda se encontra no livro de orações em Jestetten o canto "Streck aus deine reiche milde Hand" (*MH* XI 290) e também este "Alles meinem Gott zu Ehren" (*MH* XI s.; 183).

[46] Cf. a oração para pedir firmeza na Fé: *MH* 111 (em Heinzmann, op. cit., 239); versão um pouco diferente em Michael Haringer, *Leben des ehrwürdigen Dieners Gottes Clemens Maria Hofbauer, General-Vicars und vorzüglichen Verbreiters der Congregation des allerheiligsten Erlösers*, Wien, 1877, p. 505.

[47] "Ab Adventu incipit jam praeparatio ad festum Pentecostes: omnia festa tendunt ad recipiendum Spiritum Sanctum. Ideo Christus natus, circumcisus et passus est, ut nobis illud promeret(ur)." É quase igual ao livro de orações em Jestetten, p. 4.

Segue na mesma direção o que P. Pajalich relata: "Por ocasião das festas de Pentecostes, ele dizia que devemos chamá-las nossa festa, a festa dos fiéis, já que nesse dia o Espírito Santo desceu em pessoa com todos os seus dons e porque as festas de todos os mistérios do ano são apenas uma longa preparação para isso, para conseguir o Espírito Santo e seus dons em maior abundância no dia de Pentecostes" (*MH* XII 171).

Pertence a esse contexto o que Hofbauer escreveu ao Núncio Severoli em 1802: "Procuramos infundir fogo e espírito nos outros. Sem a unção do Espírito Santo as carroças do trabalhador só ficam chiando" (*MH* II 4; *Briefe* 93).

Futuras pesquisas talvez façam surgir outros acentos espirituais, característicos de Hofbauer.[48]

Concluindo

Hofbauer foi sepultado no cemitério de Maria Enzersdorf. Queria ser sepultado perto de seu amigo Pe. Diessbach. Em 1862, seus despojos mortais foram transladados para Maria am Gestade, em Viena. Na época, Jorge Maller era o zelador do cemitério e dos enterros em Maria Enzersdorf.

---

[48] Sobre esse assunto, consultar Louis Veerecke, "La spiritualité de Saint Clément Marie Hofbauer", em *SH* 31 (1983) 103-123. Tradução inglesa em *Readings in Redemptorist Spirituality of St. Clement Mary H.* (boa parte do volume 5 trata de Hofbauer).

Diversas testemunhas relatam que ele se queixou repetidas vezes porque levaram embora o corpo de São Clemente (*MH* XII 32; principalmente XII 73). Sua queixa tinha sólidos motivos; ele mesmo declarou no processo de beatificação: "Tenho todos os motivos para lamentar a transferência do Servo de Deus, pois vinha tendo prejuízo de uns 30 florins. As chaves do cemitério ficam comigo. Ora, os visitantes davam-me sempre um agrado quando vinham pedir licença para entrar; meu salário é muito pouco" (*MH* XII 76).

Os redentoristas têm todos os motivos de se alegrar por ter Clemente Maria Hofbauer consigo. Não só por causa das relíquias na igreja de Maria am Gestade, em Viena, mas por causa dele mesmo, com seu espírito e vida: como iniciador no princípio, como inspirador, hoje e para o futuro.

Rolf Decot

Hofbauer no "diálogo" e no confronto com seu tempo

Para compreender uma pessoa, é de relevante importância conhecer o cenário histórico em que viveu. Só assim se pode conhecer o que, em seu pensar e agir, refletia talvez a mentalidade da época com suas particularidades. Se estudarmos isoladamente a história e a evolução de Clemente Maria Hofbauer, teremos talvez como resultado um "santinho" colorido do santo, mas não concretamente aquele homem da luta e das decisões prontas.

Embora legítima essa exigência do embasamento histórico, naufraga freqüentemente em fontes inconsistentes para as quais o historiador foi encaminhado.

A seguir vamos tentar encaixar a vida de Clemente Maria Hofbauer nas molduras toscas das evoluções políticas, religiosas ou eclesiásticas do século XVIII e começo do XIX.

1. Preâmbulo[1]

Clemente Maria Hofbauer nasceu dia 26 de dezembro de 1751 em Tasswitz, no Sul da Morávia. Aqui ele cresceu num ambiente de religiosidade popular, inteiramente imune a todas as reformas iluministas da Igreja, como estavam alastrando-se na Áustria. A origem camponesa e artesanal dos pais e a atmosfera rural da pequena classe média da terra natal com aquela piedade sólida foram modelando o quadro espiritual de Hofbauer. Seus pais não puderam corresponder a sua ardente aspiração de criança pelo sacerdócio por motivos financeiros. Aprendeu, pois, o ofício de padeiro. Em 1767 empreendeu sua primeira peregrinação a Roma com o colega de trabalho Pedro Kunzmann. Depois freqüentou a Escola de latim[2] na Abadia dos Premonstratenses em Klosterbruck, de 1772 a 1777, com vistas a sua vocação.

---

[1] Literatura para Hofbauer: Haringer Michael, *Leben des ehrwürdigen Dieners Gottes Clemente Maria Hofbauer.* Regensburg[2] 1880; Hofer Johannes, *Der heilige Klemens Maria Hofbauer. Ein Lebensbild.* Freiburg in Breisgau, 1923; Eduard Hosp, *Der heilige Klemens Maria H. (1751-1820).* Wien 1951; Weiss Otto, *Die redemptoristen in Bayern (1790-1909). Ein Beitrag zur Geschichte des Ultramontanismus.* St. Ottilien 1983; Josef Heinzmann, *Klemens Maria Hf. Das Evangelium neu verkünden.* Freiburg – Schweiss 1986; Quellenwerk: *Monumenta Hofboueriana,* 16 vol. Thorn, Krakau, Rom, Innsbruck 1915-1998.

[2] Nesse tempo, por volta de 1774-1775, acontece a história com Clara Kurzmann, Heinzmann, p. 27s.; *MH* XII 101-106. Hofbauer chegou a Roma com dois estudantes e uma empregada vienense que, para viajar, teve de se vestir com uma roupa masculina (ela queria entrar num convento

Como não podia assumir imediatamente o estudo, viajou de novo para Roma com Pedro Kunzmann. Resolveram ficar juntos na colônia dos eremitas em Quintiliolo, junto de Tivoli.[3] Aqui ele deixou seu nome de batismo, João, e assumiu o nome da Congregação, Clemente, ao qual acrescentou depois Maria, como gesto de veneração para com o fundador Afonso Maria de Ligório.

A vida eremítica na Itália durou um bom meio ano, mas foi em sua terra que cultivou por mais tempo esse teor de vida. Aqui pela primeira vez, em âmbito maior, fez experiências pastorais, porque muita gente da redondeza vinha buscar conforto e auxílio com ele.[4]

Não vamos levantar aqui a cronologia detalhada nessa época de sua vida.

Hofbauer tinha chegado aos 30 anos. Ao entrar na Universidade de Viena para estudar Filosofia e Teologia, estava imbuído de determinadas particularidades que

em Roma e Hofbauer conseguiu-lhe um convento. Mas ela ficou envergonhada de se apresentar com esse tipo de roupa, impacientando Hofbauer, que precisou providenciar seu regresso para Viena). Talvez foi Tivoli novamente seu objetivo real, Hofer, p. 15s (Ele dá o ano de 1777).

[3] Hofer, p. 10s. (ele coloca o fato em 1771); Hosp, outra data, p. 16s., Heinzmann, p. 33-41; MH IV 146s., ib. II 37. Cf. o único relato de Sebastião Stehlin, segundo comunicados de Peter (Emmanuel Kunzmann, ib., XI 287s., cf. ib. XII 233s.

[4] Hofer, p. 7-19. Quando eremita, fez um curso de catequese em Viena. Ficou morando com o mestre Weyrich, dono da padaria denominada "Die eiserne Birne" (Pêra de Ferro), e acolitava a missa nas igrejas de Santo Estevão e São Salvador (Heinzmann, p. 35).

iriam revelar-se em sua futura atividade pastoral. O mundo, organizado e interpretado sob o prisma da fé, e o sentido de responsabilidade diante do Juízo Final são certezas evidentes para ele. Sente-se ligado às formas tradicionais da piedade popular e da Igreja barroca e demonstra uma firme eclesialidade e unidade com Roma, como também disponibilidade nas preocupações e necessidades de todos os que o procuram.

Essa convicção provocou um conflito durante seus estudos em Viena, pois nesse tempo José II (1780-1790) controlava com mão de ferro o catolicismo austríaco segundo as idéias reformistas do pós-jansenismo.[5]

Para não precisar ingressar num desses Seminários Gerais da Áustria dominados pelo Iluminismo, após os estudos científicos na Universidade, em 1784 Clemente Hofbauer viajou novamente para Roma, onde esperava concluir seus estudos, com seu colega de escola Tadeu Hübl.

A atividade pastoral de Clemente daí por diante pode ser focalizada sob três aspectos:

– Primeiro, sua ligação com os redentoristas em Roma e sua atuação nessa Congregação.

– Depois, sua atividade de vinte anos na igreja de São Beno em Varsóvia.

---

[5] Peter Herscher, *Der Spätjansenismus in Österreich (Veröffentlichungen der Kommission für Geschichte Österreichs 7)*.

– Finalmente, sua importância nos últimos dez anos como ponto de referência das forças eclesiais, políticas e espirituais de renovação em Viena, no começo do século XIX.

2. A Congregação do Santíssimo Redentor versus Josefinismo e Pós-jansenismo

Quando Clemente Hofbauer começou o estudo de Teologia na Universidade de Viena, reinava na Áustria o imperador José II (1780-1790). Tanto ele, como sua mãe Maria Teresa, eram influenciados pelo Pós-jansenismo. Suas reformas eram reguladas por uma nova orientação da Teologia, piedade e Igreja, e serviam o Estado, além de serem fiscalizadas por ele. Mais tarde, todo esse empenho foi denominado de Josefinismo.

"O Josefinismo encarna a tentativa dinâmica de gerar uma eclesialidade manobrada pelo Estado 'visando o bem comum', através da união de vários movimentos reformistas, guiados por soberanos católicos conscientes, como co-representantes da Igreja." Daí foi preciso encontrar um "equilíbrio" entre o velho e o novo, o Iluminismo católico e o Catolicismo barroco, como também o Protestantismo ("Missão tolerante"), o deísmo e o secularismo.

Como tentativa para equilibrar as mentalidades predominantes, o Josefinismo se apresentou como totalmente moderno. A convivência prática no Estado tinha primazia sobre a teoria. "A reforma da Igreja, conduzida teimosamente, estava ligada a um programa tardiamente montado de renovação, portanto, precipitado e totalmente estatal."[6] Naquela situação era uma novidade.

O Josefinismo posterior encontrou certo fundamento no Jansenismo, especialmente em sua forma, como se manifestou nos Países Baixos. Após a Guerra da Sucessão na Espanha, a Áustria recebeu os Países Baixos, espanhóis de então. Concretamente na corte de Maria Teresa, o médico era o neerlandês Van Swieten. Desde o começo atuou também politicamente em Viena. Em 1749 conseguiu um documento judicial para tirar os jesuítas.[7]

Em 1870, quando Maria Teresa morreu, José II estava com seus 40 anos. Tinha um programa político bem traçado que queria executar naquele momento. Atacou muita coisa ao mesmo tempo. Queria colocar em seus Estados o poder dos príncipes em confronto com a Igreja também. Dia 19 de dezembro de 1781, levou ao conhecimento do Núncio Garampi, através de seu chanceler Kaunitz, que a absolvição de infrações eclesiásticas não podia depender da Santa Sé, pois ela não tinha o menor poder nos Estados austríacos. Garampi foi, na verdade, o contra-atacante da

---

[6] Peter F. Barton, "Josephinismus", em *Theologische Realenzyklopädie* 17, p. 251.

[7] Friedrich Heyer, *Die Katholische Kirche Von 1648-1870 (Die Kirche in ihrer Geschichte 3 N)*. Göttingen 1963, p. 15.

reforma da Igreja na Áustria. Montou sob o manto disfarçado de relações "científicas", pois não lhe sobrou nenhuma outra possibilidade, um sistema com pessoas de confiança que lhe forneciam informações sobre todas as medidas tomadas pelo imperador.[8]

Quando o avanço de José II era muito impetuoso, ele introduzia jeitosamente o interesse da Igreja, embora também com a segunda intenção de querer fortalecer o Estado. Diversamente dos revolucionários posteriores na França, ele não tem uma posição anti-igreja.

José II caminhava para uma reforma geral de seus Estados; desatento a todas as particularidades étnicas, preocupava-se em criar um Estado unido, uniforme, rijamente controlado. Não dava nenhuma atenção ao crescimento histórico. Em 1785-1786 destituiu na Hungria a Administração do Comitê até então existente e instituiu dez comissários reais. Um ano antes havia introduzido o alemão como língua oficial em toda a monarquia, ou seja, também na Hungria. Nos Países Baixos austríacos suspendeu em 1787 a constituição das Províncias – relativamente – independentes e fundiu tudo numa unidade. No lugar das categorias profissionais, agora dissolvidas, instituiu funcionários estatais. Com essas medidas esticou demais o arco tanto nos Países Baixos como na Hungria. Na verdade, as medidas tomadas eram lógicas

---

[8] Friedrich Heyer, *op. cit.*, p. 17.

e pensadas, mas lhe faltou a visão para levar a efeito o que podia ser feito.[9] José II agiu semelhantemente de modo precipitado no remanejamento da Igreja. Aqui ele também tentou executar sem consideração seu programa iluminista. Em dez anos foram expedidos mais de 6.000 decretos com a finalidade de cortar qualquer direito de diálogo da Igreja em assuntos mistos. A Igreja devia limitar-se à administração dos Sacramentos, às questões internas e ao serviço social dentro do regime iluminista do Estado. A conduta do imperador foi tão precipitada em muitas questões, quão justificada na maioria das reformas, pois as posições eclesiásticas vinham sendo descuidadas há décadas. Muitas inovações empreendidas por José II foram de considerável vantagem para a Igreja e sua Pastoral. Contudo, para muitos contemporâneos, a intervenção do Estado em assuntos eclesiásticos ficou parecendo um "triste papelão".

Alvará da Tolerância (1781-1782)

Uma primeira e importante lei de significado duradouro, promulgada por José II em outubro de 1781, foi o alva-

---

[9] Ingrid Mittenzwi, "Kaiser Joseph II", em Kaiser, König, Kardinal, *Deutsche Fürsten 1500-1800*, hrsg. V. Rolf Straubel und Ulman Weiss, Leipzig, Iena, Berlin 1991, p. 339-349, p. 345s.

rá (ou lei) da tolerância válido para os não católicos. Não os igualava totalmente com a religião do Estado, a católica, mas permitia a liberdade de culto, serviço religioso privado e templos. Depois de 1782 foram promulgadas diversas leis semelhantes que favoreciam a emancipação dos judeus.[10] O alvará da tolerância religiosa era um desejo particular muito antigo do imperador José II. Sua mãe Maria Teresa se opusera ao livre exercício da religião por motivos religiosos e éticos, porque via na Igreja Católica um laço unificador da monarquia austríaca. O alvará da tolerância de José II logo fez escola em outros territórios, apesar das objeções das nunciaturas.

As objeções das cúrias diocesanas e mesmo a visita do Papa Pio VI a Viena em 1782 não puderam deter o imperador. Percebeu-se um forte afastamento entre o Papa e o Imperador. Em dezembro de 1783, a visita de retribuição e quase inesperada de José II ao Papa fez com que se evitasse um rompimento franco.[11]

Reformas na Igreja

O alvará da tolerância continha também as medidas imediatas de José II, que intervinham em assuntos internos da Igreja.

---

[10] Peter F. Barton, "Josephinismus", em *Theologische Realenzyklopädie* 17, p. 253.

[11] *Handbuch der Kirchengeschichte* V, p. 521s.

65

Primeiramente procurou fortalecer as paróquias. A igreja e sua função deviam basear-se nas paróquias. Para isso era necessário diminuir o tamanho delas, algumas muito grandes, e procurar ter mais pessoas e bem preparadas. Ao lado da cura espiritual, a paróquia devia assumir outras tarefas dento do sistema eclesiástico-estatal, até mesmo a fiscalização sanitária e veterinária.[12]

A nova organização das estruturas eclesiásticas na Áustria acarretou a regularização das dioceses por José II. Era uma antiga exigência religiosa-estatal que os limites das dioceses e dos Estados coincidissem entre si. Ante o aumento das paróquias, via-se a necessidade de erigir novas dioceses, principalmente quando se pensa que sete décimos do território austríaco eram administrados pela única diocese de Passau. Em 1783 José II dividiu as partes austríacas do bispado e criou os bispados de Linz e St. Pölten. A tentativa de reorganizar os limites diocesanos de Augsburgo, Chur e Constança malogrou.[13]

Novas dioceses e paróquias, como também a formação do clero, exigiam grandes recursos financeiros. O imperador esperava consegui-los com a lei de 12.1.1782, que ordenava a supressão dos conventos que não estivessem engajados

---

[12] G. Winner, *Die Klosteraufhebungen in Niederösterreich und Wien*, München, 1967.

[13] Não se concretizaram igualmente os planos do único bispado de Bregenz para Voralberg ou um bispado St. Blasien para a Áustria anterior. Os bispos investidos por José II nas novas dioceses eram em certo sentido funcionários soberanos. Cf. *Handbuch der Kirchengeschichte V*, p. 519-521 com mais literatura a respeito.

no ensino, no cuidado dos enfermos e na cura pastoral. Os mosteiros das Ordens contemplativas foram supressos. O mosteiro das Clarissas, na Rua das Dorotéias, veio a ser a primeira igreja protestante em Viena. Ainda reside lá o bispo primaz. Além disso, só podiam ter direito à residência as Ordens religiosas que tivessem domicílio no país. O intercâmbio com os Superiores Gerais na Roma "estrangeira" devia ser cortado.[14] Ninguém mais podia ser aceito no convento com menos de 24 anos e sem ter freqüentado ao menos a Escola Normal. Os bens dos conventos supressos eram depositados num fundo religioso. Com eles eram pagas as pensões dos religiosos secularizados, como também o trabalho pastoral. Esse fundo religioso existiu na Áustria até a anexação do país em 1938. Ao todo foram supressos mais de 800 conventos. O fundo religioso foi criado para receber os bens confiscados (28.2.1782); já em 1783 ele tinha em depósito cerca de um milhão e meio de florins. Na redução dos conventos em favor das paróquias também se vê a ideologia jansenista.

Os clérigos seculares deviam assumir mais intensamente a cura espiritual do povo no lugar dos religiosos de Ordem. José II via neles servidores úteis do Estado. Por isso preocupou-se com uma formação voltada para a utilidade do Estado. As Universidades e os Seminários estavam direcionados para a formação dos clérigos. Já sob Maria Teresa foi feita

---

[14] Decreto de 15.3.1781.

uma reforma na Universidade e nas Faculdades de Teologia. Após a supressão da Ordem Jesuíta em 1773, muitos professores, jesuítas na maioria, tiveram de deixar as Universidades. Outros, depois que saíram da Ordem, podiam permanecer em suas cadeiras de ensino. Em geral, porém, procurava-se trazer para o ensino pessoas que até então tinham-se mostrado adversárias dos jesuítas e teologicamente estavam com o agostinianismo e o tomismo.[15]

Uma disposição de 1783 suprimiu todos os Seminários e as Escolas Superiores das Ordens religiosas. No lugar deles José II criou os assim chamados Seminários Gerais em Viena, Budapeste, Pavia, Löwen, Graz, Olmütz, Lemberg, Praga, Innsbruck, Friburgo e Luxemburgo. Deviam possibilitar uma formação padronizada do clero, controlada pelo Estado. Somente após essa formação é que os vigários novatos deviam residir meio ano na casa presbiteral das dioceses. Essa tentativa malogrou José II e respectivamente seu sucessor Leopoldo II, sendo necessário o fechamento dos Seminários Gerais, com exceção de Lemberg.[16]

Francisco Stephan Rautenstrauch foi o coordenador de todas as Faculdades da monarquia até sua morte. Entre outras coisas, deve-se agradecer a ele o ter introduzido a

---

[15] Hersche, *Spätjansenismus*, p. 195-212.
[16] Smolinsky Heribert, *Kirchengeschichte der Neuzeit I*. Düsseldorf 1993, p. 184.

Teologia Pastoral como disciplina independente do estudo teológico.[17]

Além dessas medidas estruturais, José II intrometeu-se também na vida interna da Igreja e suas manifestações públicas. Restringiram-se as peregrinações, procissões, via-sacras, bênçãos dos campos, devoções e culto aos santos. Os dias santos foram reduzidos. Havia prescrições também para a Liturgia. Devia ser simples, singela e sem o "recheio" barroco. Decretaram-se medidas simplesmente ridículas. Assim, havia prescrição sobre o número de velas nas celebrações e sobre a duração das pregações. Em nenhuma igreja podia haver mais do que três altares. Essas intromissões mesquinhas valeram-lhe muitas caçoadas. Frederico da Prússia, o Grande, chamava-o de "arqui-sacristão do santo império romano".

No terreno da música aboliram-se as missas com orquestra. A vida religiosa devia concentrar-se no domingo, cuja importância devia ser reforçada pela participação ativa da comunidade e pelo canto das músicas religiosas durante a missa. Também a cerimônia das exéquias foi novamente regulamentada: em vez do caixão deviam ser utilizados sacos, conforme uma disposição de 9.4.1784 (Mozart e outros ficaram chocados com essa medida).

---

[17] Após sua morte em 1785, sucedeu-lhe Johann Karl, conde de Herberstein, bispo de Laibach, cf. *Theologische Realenzyklopädie*, vol. 7, p. 253.

Muitos gostavam da exuberante piedade barroca. Em seu lugar não caberia um cristianismo racionalmente frio, "iluminado", como José II imaginava. Dever-se-ia levar em consideração que a piedade barroca dava-se muito bem nas periferias. Embora tenham sido legítimas muitas reformas, foram pensadas por intelectuais e impostas de cima para baixo. Foram apoiadas unicamente por uma pequena camada superior. Não somente o povo simples, mas muitos outros grupos opuseram resistência ou mantiveram-se distantes internamente.

Os Redentoristas: O contra-projeto de Hofbauer

Aqui está o potencial para o futuro apoio de Hofbauer. Em 1784 desviou-se instintivamente do Josefinismo e procurou caminhos para poder continuar vivendo sua piedade já comprovada. Em 1784 Hofbauer partiu com seu amigo Tadeu Hübl para os "ultra montes" (para além dos Alpes). Parece não ter sido por acaso que os dois se juntaram aos redentoristas em Roma. Provavelmente, já em 1782 Clemente Hofbauer ficou conhecendo Josef Albert Von Diessbach em Viena ou ouviu falar dele. Por meio dele, interessou-se por Afonso de Ligório e seus escritos.[18] Diessbach criou, primeiro

---

[18] Sobre Diessbach, cf. Winter Ernst Karl, P. Nikolaus Joseph Albert Von Diessbach S.J. em *Zeitschrift für schweizeriche Kirchengeschichte 18* (1924), p. 22-41, 282-304; 21 (1927), p. 81-102.

no Norte da Itália, o "Círculo da amizade cristã" (Amicizia christiana). Provavelmente Hofbauer e seu confrade Tadeu Hübl pertenceram a esse círculo em Viena. Em cartas posteriores Hofbauer fala de "nosso pai Diessbach".[19] Pertenciam a esse estreito Círculo de Diessbach em Viena o barão Josef Von Penkler (1751-1830) e Luigi Virginio (1756-1805), sobre o qual Hofbauer relata mais tarde que Diessbach apontou como sucessor na direção do círculo vienense; desde 1799 vivia em Viena como Reitor da Igreja dos Minoritas. Hofbauer costumava manter forte correspondência com ele quando estava em Varsóvia.[20]

Mesmo que as fontes não permitam saber com toda a clareza se Diessbach já influenciou na decisão de Hofbauer pelos redentoristas, ao menos está claro que foi decisivamente marcado por ele em seu projeto religioso, como também em seu apostolado mais tarde. Isso fica bem claro quanto à comunidade dos leigos, chamados Oblatos,[21] que Hofbauer criou conforme o modelo da "Amicizia Christiana", em Varsóvia, e que seus confrades difundiram mais tarde na Polônia, Alemanha, Áustria e Suíça em diversas modalidades.

---

[19] *MH* V 3.

[20] Bona Candido, *Le "Amicizie". Società segrete e rinascita religiosa (1770-1830)* (=Bibliotheca di Storia italiana recente. Nuova serie 6), Torino, 1962, p. 246.

[21] "Statuta Oblatorum Sanctissimi Redemptoris", *MH* II 54-62.

Nesse contexto, é bom fazer uma referência ao apostolado da imprensa de Hofbauer. Como Diessbach, ele se preocupou com a difusão de bons escritos religiosos. Em conjunto com Penkler e outros, montou mais tarde em Viena uma biblioteca para empréstimo de livros, com o nome "Christliche Freundschaft" (Amizade cristã).[22] Nesse pano de fundo podem-se ver também as várias revistas estimuladas por Hofbauer e redigidas por pessoas de sua intimidade, de modo especial a "Friedensblätter" e a "Ölzweige", órgãos específicos do "círculo de Hofbauer".[23]

O carisma dos redentoristas, aos quais Hofbauer e Hübl se juntaram como os primeiros não italianos, veio ao encontro de suas tendências: cuidar especialmente dos mais abandonados religiosa e socialmente. Assumiu o espírito do fundador, Afonso de Ligório (1696-1787), e o desenvolveu de acordo com sua índole pessoal e as circunstâncias que encontrou. Poucos meses após a ordenação presbiteral em março de 1785, Hofbauer e Hübl regressaram para a Áustria com a intenção de confrontar-se com o catolicismo iluminista estatal. Durante seus estudos em Viena, Hofbauer ficou conhecendo personalidades da vida pública que partilhavam seus pontos de vista e o apoiavam em sua aversão ao Josefinismo. A eles pertencia o ba-

---

[22] Hosp Eduard, *Kirche Österreichs im "Vormärz" 1815-1850*, Wien, München 1971, p. 288-291.

[23] Hosp, *Kirche Österreichs, die Zeitschriften der Katholischen Romantik und Reform*, p. 271-287.

rão Penkler, a quem mais tarde foi muito grato. Apesar de sua renovada ajuda, não pôde ficar na Áustria naquela ocasião.[24] Encontrou um primeiro círculo de atividade na igreja de São Beno em Varsóvia. As reviravoltas políticas em conexão com as divisões na Polônia obrigaram Hofbauer a sempre novas adaptações à situação do momento. Realmente empreendeu tentativas em Varsóvia mesmo ou nas viagens para a Áustria, Suíça e Alemanha do Sul, a fim de estabelecer a Congregação Redentorista além dos Alpes, entretanto com pouquíssimo êxito, tanto assim que sua tarefa principal durante mais de vinte anos foi a de um cura espiritual em São Beno.

Aqui ele pôde reunir consigo uma comunidade internacional sempre crescente (alemães, poloneses e franceses) e em 1788 foi nomeado, em caráter interno, Vigário Geral para o território transalpino da Congregação. Contudo, sua comunidade não foi reconhecida pelas autoridades locais, quer estatais, quer eclesiásticas. Quando em 1807-1808 Napoleão conquistou a Prússia e a parte prussiana da Polônia, toda a comunidade de Varsóvia foi expulsa.[25]

No final de 1808 Clemente veio para Viena, onde ficaria até o fim da vida e onde encontrou o segundo campo de sua

---

[24] Hofer, op. cit., p. 92-97; cf. Weiss Otto, "Gründungsversuche der Redemptoristen in Deutschland und der Schweiz in den Jahren 1790-1808", em *SH* 47 (1999), 279-306.

[25] Owczarski Adam, "Aufhebung des Redemptoristen-Klosters von St. Benno in Warschau am 20. Juni 1808", em *SH* 47 (1999), p. 307-354.

atividade pastoral. A expulsão havia dispersado a comunidade de Varsóvia pelo vasto território da Europa; um grupo maior reuniu-se na Suíça, no Chur, em Wallis e no cantão de Friburgo. Por lá foi preparada a próxima expansão. Esta Hofbauer não pode mais ver. Sua morte em 15 de março de 1820 envolveu a cidade de Viena num grande luto; e uma imensa multidão participou de seu enterro. A admiração e a veneração se mantiveram, culminando em sua canonização em 1909.

3. Missão perpétua

• Pastoreio em São Beno (Varsóvia)

A importância mesmo de Hofbauer reside em sua atividade pastoral e no esforço de renovação da vida cristã. Quando Clemente Maria Hofbauer deixou a Áustria com seu confrade Tadeu Hübl em 1786, esperava encontrar algum lugar na Europa Oriental onde pudesse estabelecer uma fundação para a Congregação. A capital polonesa Varsóvia, aonde chegou em fevereiro de 1787, deveria ser apenas uma estação intermediária. Contudo os dois jovens padres, conhecedores do idioma alemão, foram logo solicitados para ficar na igreja nacional alemã de São Beno; aí trabalharam os jesuítas até a dissolução da Ordem em 1773. O Núncio de Varsóvia Dom Fernando Maria Saluzzo (1784-1794), napolitano, conhecia o fundador da Congregação Redentorista, Afonso de Ligório, e seus sucessores De Paola e Blasucci;[26] daí seu interesse em conhecer P. Hofbauer. O rei polonês Estanislau Poniatowski também pediu a Hofbauer e Hübl que assumissem inicialmente por um ano o pastoreio.[27] Essa ajuda positiva durou pouco tempo, pois na terceira divisão da Polônia, em 1795, o Estado polonês, que durante o século XVIII juntamente com a Rússia tinha sido o maior da Europa, foi totalmente apagado do mapa político. Varsóvia caiu sob o domínio prussiano. Nem se podia pensar em erigir conventos sob esse regime protestante. Não foi por acaso que Clemente Hofbauer, justamente nesse período, ocupou-se com intensidade em abrir fundações no Sul da Alemanha.

Nessa ocasião, ele pôde atar relações de amizade com vastos círculos que eclesiasticamente pensavam como ele, assim o Colégio São Salvador em Augsburgo, o Abade Aigner da abadia de Roggenburg e os velhos conhecidos Diessbach e Penkler em Viena.

Em Varsóvia a primeira atenção de Hofbauer e Hübl foi para a criação de escolas para crianças desamparadas, filhos de pais pobres na maioria. As escolas públicas de

---

[26] *MH* IV 135-138; Hofer 55.

[27] Sobre a eficácia do trabalho em Varsóvia, cf. Decot Rolf, "Klemens Maria Hofbauer", em Möller Christian, *Geschichte der Seelsorge in Einzelporträts*, vol. 2, Göttingen 1995, p. 387-402; Owczarski Adam, "Die seelsorgerliche Tätigkeit der Redemptoristen in der Kirche von St. Benno in Warschau (1788-1808)", em *SH* 43 (1995) 87-136.

Varsóvia eram freqüentadas quase exclusivamente pelos pertencentes às camadas mais altas. Dentro de curto espaço de tempo Hofbauer criou uma escola com três classes, para meninos e meninas pobres. O número dos alunos atingia uma média entre 400 e 500. Durante os vinte anos (de permanência) formaram-se mais de dez mil jovens. As matérias mais importantes eram ler e escrever em alemão e polonês, fazer contas, Religião, História e Geografia. Tem-se a impressão, e com razão, que Hofbauer queria também oferecer aos alunos mais dotados a possibilidade de subir um degrau na escala social, abrindo para eles uma espécie de ginásio (escola de latim).

Anexo a essas escolas, havia também um espaço para profissões artesanais, trabalhos manuais e domésticos. No decorrer dos anos Hofbauer instituiu um lar para crianças órfãs e enjeitadas e outro para jovenzinhas que, em razão das condições sociais, corriam perigo de cair na prostituição ou que já eram vítimas. Todo esse trabalho foi iniciado sem meios financeiros, porém mais tarde o estado polonês colaborou com modesto subsídio.

A criação de escolas e orfanatos como o cuidado da juventude não faziam parte do programa de trabalho dos redentoristas; contrariamente, foram excluídos das Regras primitivas. Clemente podia apelar para a Regra redentorista, que previa o trabalho espiritual com os pobres e abandonados. Baseado nisso, defendeu de maneira conseqüente e convincente perante a direção geral da Congregação a adaptação dessas e outras prescrições à situação encontrada em Varsóvia.[28]

A atividade principal dos redentoristas, que Hofbauer aprendeu na Itália, consistia na pregação de missões populares. Os confrades saíam, por 14 dias ou 4 semanas, para uma paróquia e pregavam todos os dias de manhã e à tarde, visando uma renovação da fé e da vida de comunidade. Na Polônia, essas missões eram praticamente impossíveis e mais tarde totalmente proibidas sob a ocupação prussiana. Em vista da necessidade e da ignorância religiosa, Hofbauer resolveu introduzir a assim chamada "missão perpétua". Desde manhã bem cedo, eram celebradas missas com pregações em língua alemã e polonesa. Uma missa solene com acompanhamento musical marcava o ponto alto do dia. Após o meio-dia era dada uma instrução catequética para as crianças e à tardezinha havia ainda uma pregação em alemão e polonês em meio a outras cerimônias.

Esse programa gigantesco não causava enfado, mas um aumento constante de participantes. A igreja de São Beno não era muito grande; comportava algumas centenas de fiéis quando bem apertados. Geralmente estava cheia até o último lugar durante os ofícios divinos e as pregações.[29]

---

[28] Cf. Heinzmann, p. 57-80; Hofer, p. 55-80.

[29] Sobre a "missão perpétua", cf. Carta de Hofbauer para o Superior Geral Blasucci, 1º/10/1801, MH VIII 87-90; e a carta do Núncio Laurentius Litta ao Superior Geral Blasucci, dia 18.1.1801, em: Hosp, Eduard/Donner, Josef (Bearb.), *Zeugnisse aus bedrängter Zeit. Der Heilige Klemens Hofbauer in Briefen und weiteren Schriften (Wiener Katholische Akademie. Miscelânea. Neue Reihe 67)*, Wien 1982, p. 87-91.

Hofbauer dava grande valor à participação ativa dos fiéis. As pregações deviam levar as pessoas a uma renovação de sua vida pessoal e tendo sempre em mira a confissão sacramental. Todos os confessionários mantinham-se ocupados o dia inteiro. Durante os vinte anos de sua atividade em São Beno o número anual de comunhões subiu de 2.000 para 140.000. Uma característica especial da pastoral de Hofbauer era atingir as pessoas pela palavra falada. Na verdade, isso era importante; priorizava para si mesmo, como também para seus confrades, uma linguagem clara, despretensiosa e acessível. Todo o enfeite retórico era afastado. Em contraposição dava-se o máximo valor ao aparato externo na execução do culto divino. Tudo começava com a decoração da igreja (flores, velas, tapetes etc.) e culminava na solene celebração com música instrumental e cânticos. Durante as missas solenes havia pelo menos duas dúzias de violinistas.

Isso merece especial consideração porque diferenciava da mentalidade do Iluminismo e do Jansenismo dominantes na Polônia e na Áustria, onde era exigida uma religião rígida e sóbria. Apesar das oposições das autoridades prussianas desde 1795, Hofbauer manteve seu estilo. Quando os franceses ocuparam Varsóvia em 1808, dissolveram a comunidade florescente de São Beno e expulsaram Hofbauer e seus confrades da cidade, alegando que mantinham relações com os aristocratas franceses fugitivos da revolução.

4. Hofbauer em Viena (1808-1820)

Em setembro de 1808, quando Hofbauer chegou a Viena, onde passou os últimos anos de vida, ele já estava com 57 anos e deixava atrás de si um trabalho bem-sucedido. Viveu reservadamente os primeiros anos em Viena. Não estamos bem informados sobre qual atividade desenvolveu. Teve contato com o Núncio Apostólico Antônio Gabriel Severoli e o arcebispo Sigismundo Anton Hohenwart. Teve ligação também com o convento dos Servitas em Rossau, onde provavelmente celebrava. Durante o cerco, o bombardeio e a ocupação de Viena em 1809, ajudou como voluntário nos hospitais militares.[30]

Ainda em 1809 abriu-se para ele o primeiro campo de trabalho. Desde a juventude era conhecido de José Von Penkler, membro líder do Círculo de Diessbach. Penkler era administrador da igreja dos Minoritas, a "igreja nacional" dos italianos em Viena. Aí Hofbauer recebeu o encargo de ajudar o Reitor da igreja Dom Caselli, então enfermo, no confessionário e no culto divino.[31]

Durante os primeiros cinco anos (1808-1813) manteve em Viena uma presença discreta e sem atividade notável. Teve contato somente em alguns círculos e encontros de salão que

---

[30] Heinzmann, *Das Evangelium neu verkünden*, p. 157.

[31] *MH* XI 201, 237; XIII 39, 52.

teriam importância para a renovação religiosa. Hofbauer atingiu um grupo maior de atuação quando, em abril de 1813, o Arcebispo de Viena Hohenwart nomeou-o reitor de Santa Úrsula, igreja de uma Congregação de Irmãs do mesmo nome. Agora ele tinha uma igreja própria com púlpito e confessionário. Ambas as atividades eram de importância decisiva para sua atuação pastoral em Viena. Tanto a igreja como a casa situada na rua Sailerstätte transformaram-se logo em pontos de encontro dos amigos, discípulos e devotos.

A atenção que Hofbauer despertou e a afluência de pessoas na casa foram motivos para a polícia de Viena desconfiar dele e espioná-lo.[32] Desde 1817 a autoridade policial viveu preocupada em tirar Hofbauer de Viena.

Depois da viagem do imperador Francisco e Metternich a Roma na primavera de 1819, as dificuldades com Hofbauer em Viena diminuíram. Poucos dias após a morte de Hofbauer, saiu o decreto imperial que permitia aos redentoristas abrir um Noviciado em Viena com base jurídica.[33] Este era como que o selo da aliança que a restauração austríaca fazia com a restauração romano-católica.[34] Hofbauer

---

[32] Cf. Schweitzer M. B., "Kirchliche Romantik. Die Entwicklung des heiligen Clemens Maria Hofbauer auf das Geistesleben in Wien", em *Historisches Jahrbuch* 48 (1928), p. 427-428.

[33] Fontes e outras informações extraídas das Atas da polícia vienense em *MH* XIII.

[34] Winter Eduard, *Romantizismus, Restauration und Frühliberalismus im österreichschen "Vormärz"*, Wien 1968, p. 108.

não chegou a ver a concretização, pois morreu dia 15 de março de 1820.[35]

5. Os círculos de Viena e Hofbauer

- O círculo de Diessbach:
  Renovação religiosa

Quando Hofbauer veio para Viena, encontrou acolhida num círculo de pessoas já conhecidas. Josef Von Penkler foi mencionado anteriormente. Ele estava à frente de uma comunidade aberta que nos faz voltar ao ex-jesuíta Josef Albert Von Diessbach.

Hofbauer e seu confrade Hübl provavelmente teriam ouvido falar dessa sociedade de amigos fundada por Diessbach em Viena. Porém, desde quando e há quanto tempo, não se pode concluir com segurança. Em cartas posteriores Hofbauer se refere a "nosso pai Diessbach".[36] Nas cartas que Hofbauer e Hübl enviaram mais tarde de Varsóvia, encontra-se quatro vezes a abreviatura *AC (Amicizia Christiana)* atrás de seus nomes.[37]

---

[35] *MH* VII 114; VIII 237, 239; cf. Weiss Otto sobre a religiosidade e a mentalidade dos católicos austríacos no século XIX. Contribuição de Hofbauer e dos Redentoristas. Em *SH* 43 (1955), p. 337-396, aqui p. 356-358.

[36] *MH* V 3.

[37] *MH* VII 114; VIII 237, 239; cf. Weiss Otto, "Zur Religiosität und Mentalität der österreichischen Katholiken im 19. Jahrhundert. Der Beitrag Hofbauers um der Redemptoristen", em *SH* 43 (1955), p. 337-396; aqui p. 356-358.

81

Ao estreito círculo Diessbach, além do mencionado barão Josef Von Penkler (1751-1830), pertencia Luigi Virginio (1756-1805), sobre o qual Hofbauer fala mais tarde e que Diessbach designou para seu sucessor na direção da *Amicizia Christiana*. Vivia em Viena desde 1799 como Reitor da igreja dos Minoritas. De Varsóvia, Hofbauer costumava manter forte correspondência com ele.[38] Finalmente, deve-se mencionar Franz Schmid (1764-1842), a quem o Pe. Hofbauer escolheu para seu confessor quando veio para Viena.

Quando veio em 1808, portanto, não era nenhum estrangeiro, mas achou apoio num círculo consistente que se defendia com opiniões próprias nas questões religiosas e eclesiásticas. Esse círculo Diessbach tornou-se de certa maneira o alicerce do futuro círculo de Hofbauer.

- O círculo de Schlegel:
  Fundamento filosófico do Romantismo

Ao redor de Hofbauer em Viena reuniam-se círculos aos quais pertenciam homens e mulheres, nobres e cidadãos, eruditos e artistas, diplomatas e prelados. Não eram círculos fechados; antes os diferentes membros e grupos mantinham entre si uma rede diferenciada de relacionamentos, enquanto outros se conheciam de vista. Os círculos de Schlegel e

---

[38] Bona, p. 246.

Hofbauer tornaram-se o centro da renovação religiosa antes do Congresso de Viena. Ambos vieram em 1808, com uma diferença de poucas semanas, e logo se encontraram e se tornaram iniciadores de uma restauração católica. Esse trabalho conjunto durou até 1815.

Frederico Schlegel (1782-1822) tornou-se o mentor espiritual do Romantismo.[39] A meta de todos os românticos era o combate ao intelectualismo em todos os setores, mas antes de tudo também na religião. Religião, ciência, arte, poesia e política deviam ser renovados a partir de um ponto de vista e interligar-se para formar uma unidade. Ao contrário do Iluminismo, valiam fantasias, entusiasmo pela natureza e fanatismo, afeto e sentimentalismo, ilusões visionárias e fantasmagorias, mundo das fábulas e irracionalismo e assim por diante. Somente alguns poucos achavam o caminho da Igreja e tomavam uma conduta adequada.

Desde 1801 Schlegel mostrou em seus escritos e poesias uma inclinação para o catolicismo. Seu estudo sobre a filosofia medieval e a história da Igreja, como também a convivência com amigos católicos,[40] levaram-no a passar para a Igreja Católica, o que aconteceu dia 16 de abril de 1808, no altar de Nossa Senhora, na catedral de Colônia. Com ele também sua esposa Dorotéia Mendelsohn. Portanto, quando veio

---

[39] Hosp, *Kirche Österreichs*, p. 258-266.

[40] Körner Josef, *Krisenjahre der Frühromantik. Briefe aus dem Schlegelkreis*, Wien 1937, vol. 1, p. 588; cf. Hosp, *Kirche Österreichs*, p. 255.

para Viena, estava convertido, cheio de energia e coragem para dar vazão a suas novas convicções.[41]

Em Viena Schlegel tomou contato com o Núncio Severoli, que o apresentou ao arcebispo Hohenwart. Estabeleceram-se também relações com Metternich, secretário na chancelaria do Estado, Friedrich Von Gentz, que Schlegel conheceu em Berlim. Metternich movimentava um órgão de imprensa estatal sob o título "Der österreichische Beobachter".[42] O primeiro redator foi Schlegel. Dia 13 de dezembro de 1811, passou esse cargo para Josef Von Pilat, que redigiu o jornal oficioso na linha católica até a revolução de 1848. Pilat foi o mais importante elo de ligação do círculo de Hofbauer com a política.

Schlegel lançou a base espiritual da restauração católica em Viena com suas "preleções sobre a História mais nova" em 1810.[43] Não sabemos se Clemente M. Hofbauer ouviu

---

[41] Raich Johann Michael (Hrsg.), *Dorothea von Schlegel geb. Mendelssohn und deren Söhne Johannes und Philipp Veit: Briefwechsel. 2 bde.* Mainz 1881, vol. 1, p. 207ss.; sobre as situações em Viena, ver também Stern Carola, "Ich möchte mir Flügel wünschen", em *Das Leben der Dorothea Schlegel*, Reinbek 1990.

[42] Cf. Zenker Ernst Victor, *Geschichte der Wiener Journalistik, von den Anfängen bis zum Jahre 1848. Ein Beitrag zur deutschen Kulturgeschichte*, Wien 1892, p. 104-106, lá também se encontra um relatório sobre Pilat e seu trabalho de redação; cf. Spiller Bruno, Josef Penkler, Dissertation Wien 1966.

[43] Cf. Schlegel Friedrich von, *Kritische Friedrich-Schlegel-Ausgabe, hrsg. Von Ernst Behler*, 35 vols. Paderborn 1958-1955; vol. 11; cf. Hofer, p. 259.

as preleções de Schlegel, mas devido à íntima união de ambos há razões para aceitar essa hipótese. Provavelmente foi Penkler quem intermediou a aproximação do casal Schlegel com Hofbauer. Este foi conselheiro e diretor espiritual do casal Schlegel. Ambos consideravam isso um grande presente; essa atividade conjunta influenciou eficazmente na reforma católica da Áustria.

O que Schlegel expôs em sua preleção sobre a natureza do Romantismo correspondia às idéias de Hofbauer.[44] A salvação, para o momento atual, está no retorno ao cristianismo e à Igreja. Os círculos mais elevados de Viena, que aderiram ao Josefinismo, consideravam a religião e a Igreja apenas uma questão política. Deviam contribuir para abafar os movimentos revolucionários, assegurar a obediência dos súditos e dar estabilidade ao sistema. Schlegel acentuava diante disso a necessidade e a importância de uma vida realmente cristã e uma renovação na Igreja.

Schlegel via em Hofbauer, ao menos por alguns momentos, a personificação da eclesialidade viva que ele tinha em mente: um homem enraizado na Igreja universal, modelo de espiritualidade e fidelidade na fé e estímulo constante por seu incansável engajamento pastoral e social.

---

[44] Schlegel, *Werke 2*, p. 219-234.

- O círculo de Széchényi:
  Política e Igreja

Hofbauer foi chamado o pai do catolicismo político;[45] contudo, era em primeira linha um cura espiritual. Que ele tenha tido, não em pequena escala, alguma atividade política na Igreja – mesmo assim no sentido de um catolicismo ortodoxo e curial – isso ocorreu mais em determinadas circunstâncias do que por iniciativa pessoal. Mencionem-se sua função de consultor em algumas posições oficiais da arquidiocese, sua influência no Congresso de Viena e sua atuação no círculo do barão Franz Széchényi.

Já em Varsóvia Hofbauer manteve um relacionamento amistoso com os Núncios de então, entre outros, Fernando Maria Saluzzo[46] (1784-1794).[47] O conhecimento com seu sucessor Lorenzo Litta (1794-95)[48] devia gerar uma atuação positiva durante o Congresso de Viena, quando Litta estava investido de uma posição importante na Cúria. De modo

---

[45] Cf. Ganzer Karl, *Der heilige Hofbauer, Vater der Gegenreformation im 19. Jahrhundert*, Hamburg 1939.

[46] Fernando de Carigliano Saluzzo (1744-1816) 1784-1794 Nuntius in Polen, 1801 Kardinal.

[47] *MH* IV 135-138; Hofer 55.

[48] Lorenzo Litta (1756-1820), 1793-1794 Nuntius in Polen, 1797 päpstlicher Gesandter in St. Petersburg, 1801 Kardinal, 1814 Präfekt der "Propaganda". *Lexikon für Theologie und Kirche* 6, Sp. 1081 (Lit).

especial o Núncio Severoli,[49] que atuou em Viena de 1801 a 1817, sentia-se isolado e viu em Hofbauer um homem de sua confiança,[50] como também seu sucessor Paulo Del Terzo Leardi (1817-1823).[51] A atuação política de Hofbauer alcançou seu ponto alto durante o Congresso de Viena, se bem que em geral se tenha mantido mais na penumbra. Antes do Congresso, já se formou um círculo ao redor do húngaro, barão Franz Von Széchényi[52] (que se reunia duas vezes na semana), em cuja mudança da franco-maçonaria para um catolicismo consciente, Hofbauer fora decisivamente responsável.

No círculo de Széchényi, do qual Hofbauer participava constantemente, reuniam-se homens da linha ultramontana, adversários de Dalberg e Wessenberg. Até onde Hofbauer fazia a balança pender para o lado da ortodoxia, nada se pode constatar. Em todo o caso rejeitava as idéias de Wessenberg sobre uma Igreja nacional-alemã; contra a elevação episcopal

---

[49] Antonio Gabriele Conte di Severoli (1757-1824); 1801-1817 Núncio em Viena; em 1816 cardeal; em 1823 naufragou sua eleição para o papado devido ao veto da Áustria. Severoli foi um grande admirador de Ligório (cf. *MH* V 101s.). *Lexikon für Theologie und Kirche* 9, Sp. 701s. (Lit.)

[50] *MH* 211, 256; Hofer, 322-333.

[51] Cf. *MH*, especialmente os volumes V, VII, XIV.

[52] Franz Graf von Széchényi (1754-1820), político, aluno dos Jesuítas, antes maçom, a serviço do Estado austríaco, caiu na desgraça de José II, patriota ardente e fundador do nacionalismo húngaro. Provavelmente conhecido de Hofbauer desde 1814, cf. Hosp, p. 288-291.

87

de Sailer em Augsburgo redigira um parecer ao Núncio,[53] que, visto pela ótica de hoje, dá o que pensar.

6. O círculo de Hofbauer: Restauração católico-eclesiástica

O círculo-Hofbauer era um grupo de 50 pessoas, estudantes na maioria, que se reuniam regularmente com ele, procuravam-no em sua casa e o tinham como conselheiro ou confessor. Merecem ser mencionados os seguintes:

Dr. Johannes Madlener, professor de Física na Universidade de Viena;[54] os três irmãos, escritores muito dotados Josef,[55] Georg[56] e Anton Passy;[57] o poeta e tradutor Peter

---

[53] Schwaiger Georg, Johann Michael Sailer. *Der Bayerische Kirchenvater.* München, Zürich 1982, p. 106-109.

[54] Hosp Eduard, Johann Madlener, em *SH* 5 (1957), p. 384-387.

[55] Über Joseph Passy. Faltam datas mais aproximadas. Ele morreu ainda jovem em 1820, cf. *Ölzweige* 1 (1819) 255-261; *Ölzweige* 2 (1820) 303s., 339s.

[56] Georg Passy (1784-1836), diretor da biblioteca para empréstimo, criada com o estímulo de Hofbauer por Penkler e Széchényi em Viena, redator de "Ölzweige" desde 1822, como Irmão Leigo na C.Ss.R., Secretário do Pe. Passerat; cf. Hosp, *Die Kirche Österreichs,* p. 288-291.

[57] Antonio Passy (1788-1847), redentorista (desde 1820) e escritor. Em 1809 começa o estudo de Teologia; em 1810, professor no Instituto de Educação Krauseschen (?) em Viena e ao mesmo tempo bibliotecário com Széchényi; continua o estudo de Teologia, ingresso na C.Ss.R., em 1821 presbítero. Cf. Passy Johann Nepomuk, *Nekrolog des hochw.* Herrn P. Anton Passy, *Priester aus der Versammlung des heiligsten Erlosers,* Wien 1847; Brunner Sebastian, *Clemens Maria Hofbauer und seine Zeit.* Minia-

Silbert;[58] os redentoristas posteriores a Johannes Pilat;[59] um primo do secretário de Metternich, Josef Pilat; Eduard Ritter Von Unkhrechtsberg;[60] os juristas Friedrich Von Held[61] e Franz Springer;[62] e finalmente o famoso e discutido teólogo Anton Günther. Viriam ainda dois homens que logo se tornaram nomes famosos: Zacharias Werner,[63] que após a conversão

---

turen zur Kirchengeschichte von 1780-1820. Wien 1858, p. 256-265; *Allgemeine deutsche Biographie* 26, 216-217; Hosp, *Erbe* 556-565.

[58] Johann Peter Silbert (1777-1844), *Dichter und Uebersetzer aszetischer und homiletischer Werke*. *Allgemeine Deutsche Biographie* 34, 316ss.; Brunner Sebastian, *Clemens Maria Hofbauer und seine Zeit. Miniaturen zur Kirchengeschichte von 1780-1820*. Wien 1858.

[59] Johannes Pilat (1799-1878), redentorista (desde 1823), primo de Josef Pilat, cf. Hosp, die Kirche Oesterreichs, p. 305-306.

[60] Eduard Ritter von Unkherechtsberg (1797-1870); redentorista em 1821-1831; em 1827-1830, primeiro reitor do convento de Mautern e professor de Exegese; em 1837, cônego e mais tarde abade da abadia em Oelmuetz; como Oblato dos Redentoristas emitiu os votos de profissão religiosa no leito de morte. Cf. *MH* XII 41.

[61] Friedrich von Held (1799-1881), redentorista (desde 1881). Em 1817 estuda Direito; em 1822 presbítero; em 1828 professor de Teologia Moral; em 1830 consultor e secretário do Pe. Passerat; em 1837 Reitor em Luettich e Superior para a Bélgica; em 1842 Provincial para a Bélgica, temporariamente também para os conventos norte-americanos; em 1855, candidato para o generalato, quase sempre Superior. Dilgskron, P. Friedrich von Held; De Meulemeester, P. Frédéric von Held.

[62] Franz Springer (1791-1827); redentorista (desde 1820); desde 1815 conhecido junto com Hofbauer e Madlener; em 1821 presbítero; cf. Hosp Eduard, P. Franz Springer C.Ss.R. 1791-1827, em *SH* 4 (1956), p. 377-424; Springer Frnz, em *Biographisch-bibliographisches Kerchenlexikon* 14 (1998), Sp. 1509-1511.

[63] Martini Fritz, *Deutsche Literaturgeschichte*, Stuttgart 1958, p. 314.

em 1810 e o presbiterado em 1814 foi para Viena, onde logo ficou célebre como pregador, e o Dr. Emanuel Veith, docente de Medicina Veterinária em Viena. Nascido de família judaica, converteu-se para a Igreja Católica em 1816, tornou-se redentorista após a morte de Hofbauer e ordenou-se padre em 1821.

Hofbauer era, como definiu Eduard Winter, a favor da renovação romano-católica, isto é, renovação interna da Igreja Católica.

O Iluminismo católico preocupou-se em conseguir a inclusão da Igreja na nova evolução espiritual no mundo. O equilíbrio da fé católica não deveria mais basear-se em dogmas, primado do Papa, e na hierarquia, mas num cristianismo ativo, que se manifesta em ações concretas de amor ao próximo e na moralidade dos costumes. No século XVIII essa eclesialidade estatal, reformista e pós-jansenista uniu-se com o Iluminismo católico.[64]

Hofbauer combatia os dois. Dever-se-ia contrapor ao Iluminismo católico um catolicismo dogmaticamente conduzido em estreita união com o papado em Roma e os bispos.

O círculo que se formou com Hofbauer foi muito eficiente após sua morte, entre 1820-1823. Depois da visita do imperador Francisco I ao Papa em 1819, chegou-se a uma ligação entre a restauração austríaco-estatal e a eclesi-

---

[64] Hersche, *Spätjansenismus*, p. 14-24.

ástico-catolica.[65] O Estado fez à Igreja algumas concessões, entre elas, permitiu o livre intercâmbio dos bispos com Roma e, por outro lado, assegurou para si o apoio da restauração romano-católica para a estabilização dos próprios objetivos de reforma.[66]

Dentro desse contexto, os redentoristas também foram reconhecidos pelo governo imperial. A igreja de Maria Stiegen no centro de Viena tornou-se sua nova fundação e imediatamente pôde ser aberto aí o Noviciado.[67]

Assim o convento redentorista, junto à igreja de Maria Stiegen, desenvolveu-se num centro espiritual, que era freqüentado com gosto por representantes da vida pública e da política; não obstante a diferença de idéias.

A morte de Hofbauer foi uma perda insubstituível. Seu sucessor como Vigário Geral, o francês Josef Pas-

---

[65] Winter, *Romantismus*, p. 110.

[66] Documentos sobre a mudança de posição com Hofbauer e sobre o reconhecimento dos redentoristas na Áustria, *MH* XIII 131-236.

[67] O primeiro Noviciado foi inaugurado dia 20 de maio de 1820. A ele pertenceram Franz Springer, Eduard von Unkhrectsberg, Friedrich von Held, Anton Prigl, todos, estudantes de Teologia, Mathias Nossal e como Irmão Coadjutor Herr Fink, finalmente o Pe. Bartholomäeus Pajalich (17.1.1791, or. 1814, † 3.4.1863), sobre o qual saiu um relato mais extenso que contém também esta nota *MH* XII 134-233, aqui 224; na primeira Profissão a 2/8/1821 emitiram os votos: Franz Springer, Johannes Madlener, Ulrich Petrak, Eduard Unkhrechtsberg, Friedrich von Held, Anton Prigl, Franz Kosmacek, Franz Xaver Doll (6.10.1796-16.4.1855, Wittem) e Bartholomäus Pajalich, ib., p. 232.

serat, não tinha nem de longe sua largueza de espírito e espontaneidade no trato com as pessoas de todas as camadas sociais. Adeptos entusiastas de Hofbauer, como Veith, abandonaram novamente a Congregação (1830) ou renunciaram, como Anton Günther, que em 1803 foi discípulo de Bolzano e em Viena foi estimulado por Hofbauer para realizar seu plano de entrar na Congregação.

A linha mais apertada e rigorosa que tomou a parte mais conservadora do círculo de Hofbauer, centralizada no convento redentorista, encontrou apoio em alguns teólogos de Viena e, mais tarde, em alguns bispos; assim, o teólogo Georg Ziegler (1770-1833),[68] que em seus escritos se voltou contra o racionalismo na teologia. Foi um dos primeiros bispos que Roma nomeou, baseada nas concordatas de 1819. Primeiramente foi bispo de Tarnow na Galícia (1822) e até 1827, bispo de Linz. Fez parte dos representantes da restauração católica, com seu antigo colega na Universidade de Viena, Roman Sebastian Zängerle (1771-1848), que foi bispo de Seckau desde 1824 e era ligado ao círculo de Hofbauer.

Coisa semelhante se pode dizer do capelão da corte Jacob Frint, que desde 1898 estava ligado a Clemente

---

[68] Hosp Eduard, *Bischof Gregorius Ziegler. Ein Voskämpfer gegen den Josephinismus*. Linz 1956.

e seu círculo. Justamente com ele torna-se clara a ligação da restauração católica com o catolicismo político que Schlegel temeu. Frint tornou-se bispo de St. Pólen em 1827. A parte mais conservadora do círculo de Hofbauer provavelmente supervalorizou sua influência na renovação da vida eclesiástica e não percebeu que ele foi instrumentalizado politicamente. Eduard Winter viu aqui uma ligação da restauração eclesiástico-católica com a austríaco-católica, os últimos representados pelo confessor do imperador, Vinzenz d'Arnaut (também Daranaut, 1770-1821), capelão da corte Jacob Frint (1766-1834), médico particular, barão Josef Von Stifft (1760-1836), como também o conde Sigismund Anton Graf von Hohenwart (1730-1820), desde 1803 arcebispo de Viena.

Outros discípulos de Hofbauer ou pessoas sintonizadas com ele, depois de 1830, isto é, após a morte de Friedrich Gentz em 1832, lutam renovadamente por mais liberdade da Igreja e da vida católica, que não devia estar diretamente sob as vistas do Estado, mas entre o Estado e a Igreja através de uma aliança.

Deve-se mencionar aqui o futuro Cardeal Joseph Othmar von Rauscher e Anton Günther, Emmanuel Veith e Sebastian Brunner, acima de tudo publicitários ativos, de mão cheia. Assim Hofbauer continuou agindo, respectivamente, nesses homens convocados por ele, até a segunda metade do século XIX.

7. Observações finais

• Conduta de Hofbauer diante de outras tentativas católicas de renovação

Enquanto por um lado Hofbauer é considerado o renovador da fé católica na Áustria (embora numa linha basicamente conservadora), por outro lado é visto como representante de um rígido ultramontanismo. Desejos justificados da reforma Josefina, como "arrocho" na pastoral, a concentração das paróquias, simplificação da Liturgia e dos ritos, Hofbauer entendeu tudo isso como agressão à boa organização católica. Seu empenho era a superação dessa reforma. Aqui, como foi dito, ele encontrou muita simpatia dos românticos, dos intelectuais e, sobretudo, do povo simples que não estava preparado e nem foi preparado para se sujeitar a essas prescrições religiosas impostas de cima.

Hofbauer voltou-se também contra as tentativas de inovações espirituais do tempo, que hoje são de uso corrente, mas que por ele foram recusadas por motivos diversos. A aspiração de Ignaz von Wessenberg, a de conservar a igreja do império, depois de 1803, em pequenos territórios formando uma unidade, apesar da queda do império, Hofbauer interpretou como uma agressão ao primado romano e uma espécie de separação e, por isso, rejeitou de chofre.

Ficou conhecido o conflito entre Hofbauer e Sailer quando, após a conclusão da concordada bávara em 1817,

94

estavam sendo procurados novos candidatos para os bispados da Baviera. Para Habsburgo foram apontados, além de outros, Johann Michael Sailer. Este tinha sido um dos renovadores importantes da Igreja Católica no século XIX. Hofbauer não foi capaz de reconhecer isso e impediu, com seu julgamento injustificado e arbitrário, a nomeação de Sailer.[69] Os adeptos de Sailer, aos quais se juntaram também amigos de Wessenberg, viram nascer com Hofbauer um tipo de denúncia eclesiástica, através da qual adversários internos são reduzidos a nada.[70]

Hofbauer enfrentava quem se desviasse da linha oficial eclesiástico-romana. Parece que se confrontou com Sailer e Wessenberg, porque ambos tratavam de questões da estrutura externa e interna da Igreja. Sailer era para ser bispo, Wessenberg planejava uma igreja alemã, ou seja, um gancho eclesiástico para todos os Estados alemães. Aqui Hofbauer, voltado fortemente para Roma, viu-se provocado em sua eclesialidade.

Novas proposições próprias, espirituais ou teológicas, como tentaram lançar Bernard Bolzano, Michael Sailer e Anton Günther (de seu círculo, mais tarde), ficavam fechadas de antemão para ele.

Nos últimos anos de vida, tratava especialmente de assegurar a obra de sua vida: o reconhecimento da Congrega-

---

[69] Schwaiger, Sailer; *Das Gutachten*, p. 108s.
[70] Till Rudolf, Hofbauer e seu círculo, Wien 1951, p. 48.

ção na Áustria. Isso se tornou possível a partir de 1818-1819, graças a uma mudança politicamente motivada da política austríaca. A grande virada política favoreceu Hofbauer e seus intentos eclesiástico-restauradores, assim que o Estado anteviu no consentimento de permanência dos redentoristas uma contribuição para o fortalecimento do próprio sistema.

• Importância de Hofbauer para a renovação da Igreja na Áustria

O sucesso de Hofbauer em Viena também residia em ter rompido com as normas ultrapassadas do Josefinismo. Podia aplicar aqui suas experiências em Varsóvia. Sua celebração da Liturgia com música e decoração suntuosa agradava também aos sentidos. Isso não significava uma volta para o barroco, mas uma tentativa de escapar às normas do Josefinismo, racionalistas e distantes do povo. A religiosidade de Hofbauer era não só imune às idéias "iluministas",[71] como também avessa a toda a espécie de pseudomisticismo.[72] Dava especial valor ao serviço divino, revestindo-o de pompa e esplendor.[73] Mesmo que com isso

---

[71] Cf. *MH* IV 101-102, 105; id., VI 9, 97; ib., XI 88, 149, 198, 270; ib., XIII 39.

[72] Cf. *MH* XI 33, 39; preferia rezar o terço, ib., XI 88, 102, 115; ib., XII, 32; Cf. Hofer, p. 361-362. Ele benzia terços e distribuía santinhos, *MH* VI 417; ib. XII 240.

[73] *MH* IV 49, 105, 121-122; cf. Hofer, p. 361-362.

entrasse em conflito com a legislação josefinista. Partia do seguinte princípio: o povo aprende mais com os olhos do que com os ouvidos.[74]

Elemento importante é sua eclesialidade, isto é, profissão numa Igreja experimentável concretamente.[75] Embora tendo um olhar vivo para os abusos da Cúria Romana,[76] acentuava sua fidelidade ao Papa e a Roma.[77]

Sua pregação não era moralizante; antes partia da simples mensagem bíblica e procurava difundir a doutrina da Igreja com formulações compreensíveis.[78] Não era o brilhantismo retórico ou a profundidade intelectual de pensamentos – como se encontrava em outros – que prendiam as pessoas a Hofbauer; era muito mais a força de sua fé singela que levava para uma vida de convicção.

O capital mais importante que Hofbauer aplicava em seu trabalho pastoral e no anúncio era sua personalidade. Existia nele uma identidade de fé, de retórica e ação. As pessoas o percebiam, e aí está o motivo de sua força de persuasão. Essa

---

[74] Cf. Hosp, *Der heilige Klemens* 54.

[75] "Quem não tiver a Igreja como mãe, não pode ter Deus como Pai", *MH* XI 238.

[76] Cf. Hofer 383, 417-418; Winter Eduard, *Die geistige Entwicklung Anton Günthers und seine Schule.* Paderborn, 1931, p. 230-231.

[77] *MH* XII 26: "Tão forte era sua fé, tão grande seu amor à Igreja e sua submissão ao chefe visível da Igreja" (Johannes Pilat no processo de beatificação). Cf. *MH* XII 18.

[78] *MH* XIII 18.

é a expressão corrente de todos os relatos testemunhais, recolhidos em "Monumenta Hofbaueriana".

Num relato sobre Hofbauer, Johannes Emanuel Veith depôs oficialmente qual era o lema característico de sua pastoral: "O Evangelho deve ser pregado de maneira totalmente nova".[79] Considerando-se o cenário histórico de sua atuação pastoral, essa expressão significa primeiramente que, em face das limitações racionalistas e iluministas, o Evangelho devia ser apresentado numa linguagem nova, mas em sua total riqueza.

O dever ser pregado de maneira nova significa também que devemos ajustar-nos à situação atual das pessoas, às circunstâncias do tempo, a sua capacidade de compreensão e a tantas outras circunstâncias que se poderiam citar. Métodos, estratégias e teorias no trabalho pastoral são indispensáveis. Clemente Maria, todavia, era um exemplo convincente nisso, ressaltando, porém, que se devem respeitar as linhas gerais.

Ele atuava com o vigor de sua fé e a fusão convincente da fé com a vida. Cura espiritual ele era, porque não priorizava sua pessoa e nem suas convicções, mas colocava no centro as pessoas que lhe eram confiadas. Em sua situação, pregou o Evangelho de maneira nova.

Mas a atuação pastoral e, sobretudo, o auxílio pastoral – isso é claro para Hofbauer – não são primordialmente a função de um conceito ou método amadurecidos teorica-

---

[79] Brunner, Sebastian, *Clemens Maria Hofbauer und seine Zeit.*

mente, mas vive da personalidade amadurecida na fé, aberta às necessidades do próximo. Assim ele foi para os românticos, para os políticos restauráveis e adeptos da restauração católica, um exemplo convincente de piedade popular, tradicional, mas eclesiasticamente atraente. Com a pregação pelo exemplo angariou influência e sucesso, primeiro em Varsóvia, depois em Viena e finalmente nos vastos círculos do romantismo e restauração católicos. Por aí ele estava iniciando um caminho que, junto com outros, teve grande parte na renovação do catolicismo no século XIX.

Adam Owczarski

A missão perpétua na Igreja de São Beno em Varsóvia

Em fevereiro de 1787 chegaram a Varsóvia os dois redentoristas, Clemente Maria Hofbauer (1751-1820) e Tadeu Hübl (1761-1807).[1] Sua atividade principal em Varsóvia consistiria, além do trabalho social e formativo (orfanatos, escolas, tipografia, biblioteca), no cuidado pastoral da igreja de São Beno.[2]

Em conseqüência das três divisões da Polônia (1772, 1793, 1795), Varsóvia foi ocupada pelos russos de 1794 a 1795 e pelos prussianos de 1796 a 1806. Os soldados dos exércitos inimigos roubaram e pilharam.[3]

A situação da igreja também piorou drasticamente. O novo governo prussiano, voltado contra a Igreja Católica,

[1] Adam Owczarski, "Die Gründung einer Niederlassung der Redemptoristen in Warschau und deren richtiliche Grundlage", em *HS* 42 (1994) 149-158.

[2] Adam Owczarski, *Redemptorysci-Benonici w Warszawie, 1787-1808* (Os Redentoristas Benonitas em Varsóvia), Homo Dei, Krac012 2000, 127-220.

[3] Władysław Rostocki, "Social and Political Situation in Warsaw at the Turn of the Nineteenth Century", em *HS* 34 (1986) 286-289.

tolerava escândalos públicos e apoiava a decadência dos costumes, tanto no meio do povo como dos religiosos. Dia 3.2.1800, Hofbauer escreveu ao Reitor da Igreja italiana em Viena, Luigi Virginio (1756-1805), a respeito da política eclesiástica do governo prussiano: "Devo relatar-lhe quantos erros nosso governo político começou a cometer, um depois do outro, em assuntos da disciplina eclesiástica.

Primeiro a todos os religiosos foi proibida qualquer ligação com seus Superiores Gerais no estrangeiro, devendo ficar sujeitos a seus bispos, sem cujo conselho não podem realizar futuramente a menor mudança em seus conventos. Depois está proibida qualquer apelação à Santa Sé, mesmo nos casos a ela reservados. Todas as decisões e dispensas devem ser solicitadas através dos bispos declarados competentes. O Delegado Apostólico não é reconhecido. Além do mais, começou uma grande desordem nas questões matrimoniais. Quando casais descontentes com seu casamento não recebem a licença de separação junto à cúria diocesana, dirigem-se ao governo político e recebem logo o que pedem, segundo as normas da outra religião. Monges e religiosos deixam seus conventos após a deposição de seus hábitos monacais e podem, sem nenhuma pena, não só viver no mundo e espalhar seu erro, mas também passar para o judaísmo. Tivemos ultimamente um caso assim: Um padre de Ordem passou para os judeus após tirar o hábito e, com o expresso consentimento do governo, celebrou pública e solenemente a circuncisão. É nessa triste situação de falência que a Polônia se encontra hoje".[4]

No início a falta de conhecimento da língua polonesa foi um empecilho muito sério para Hofbauer e Hübl. Mas não durou muito. Com o tempo, tanto Hofbauer[5] como Hübl[6] chegaram a dominar bastante bem a língua do país. Ademais ganharam também colaboradores poloneses. Em 1793 ingressou no convento o primeiro polonês, Jan Podgórski (1775-1847), que, como diácono, começou logo a pregar, e com visível sucesso.[7] Assim a pequena igreja de São Beno tornou-se por vários anos o centro da vida religiosa para toda a Varsóvia: "Embora a igreja da qual falamos esteja entre outras duas igrejas (a igreja de Maria e a igreja das Irmãs do Santíssimo Sacramento), a igreja dos redentoristas, logo chamada 'dos padres benonitas' pela população, não podia comportar o povo que afluía diariamente em torrentes para a oração.

Nos domingos e dias festivos, tanto o cemitério que rodeia a igreja, como a rua diante da porta principal, ficavam

---

[4] *MH* (16 volumes, Krakau, Thorn, Rom, Innsbruck (1915-1998), XIV 92; passim. Tradução alemã em: Klemens Maria Hofbauer, *Briefe und Berichte*, hrsg. Von Hans Schermann, Innsbruck, Wien 2001, 177-178.

[5] *MH* I 191; XI 325; XIII 68.

[6] *MH* VIII 80, 92-95, 215-216.

[7] *MH* IV 147-148; VIII 52-53; Bernard Lubienski, Owczarski Jan Podgórski, redemptorysta towarzysz sw. Klemensa (1775-1847) – (Pe. Jan podgórski, redentorista, companheiro de São Clemente) Kraków 1913, 18.

cheios de gente rezando. O culto divino ia desde a manhã bem cedo até o crepúsculo com a seguinte programação: exposição diária do Santíssimo Sacramento e procissões; música apropriada; pregadores cheios de fervor, que ensinam tanto na língua polonesa como na língua alemã; formação acurada para a juventude estudantil; capricho na execução dos serviços religiosos; raras visitas em casas de particulares; isso tudo lhes valeu alta estima e veneração.

Mesmo com chuva, calor ou frio via-se gente vindo dos arrabaldes mais afastados de Varsóvia para o serviço divino na igreja de São Beno. Quem se distinguia com alguma aptidão, quem gozava de boa fama, colocava-se à disposição dos redentoristas.

Até hoje se ouvem em Varsóvia muitos testemunhos da grande afluência diária para se confessar e ouvir as instruções e também da cordialidade com que as pessoas eram acolhidas. Artistas abastados, donos de fábricas, operários, empregados, todos se comprimiam nessa igreja".[8]

O programa do culto nos domingos e festas apresentava-se do seguinte modo:[9]

---

[8] {Antoni Hlebowicz}, Kosciót sw. "Benona i ksieza redemptorysci" (a igreja de São Beno e os redentoristas), em: *Pamietnik religijno-moralny* (diário de moral e religião), vol. 2, Warszawa 1842, 53-54. Tradução alemã em *MH* XVI 286-287.

[9] Adam Owczarski, "Die seelsorgerliche Tätigkeit der Redemptoristen in der Kirche von St. Beno in Warschau (1788-1808)", em *SH* 43 (1995) 102-103.

5h – Santa Missa com pregação em polonês para os empregados.

6h – Santa Missa com exposição do Santíssimo, com uma pregação em polonês.

8h – Missa coral com pregação em polonês.

10h – Missa solene com exposição do Santíssimo e pregação em alemão.

14h – Instrução catequética para as crianças.

15h – Pequeno Ofício da Mãe de Deus em alemão. No tempo da Quaresma, Ofício da Paixão de Cristo cantado na língua polonesa, no lugar do Ofício da Mãe de Deus.

16h – Pregação em alemão.

17h – Vésperas cantadas com pregação em polonês. Visita ao Santíssimo Sacramento, via-sacra, exame de consciência, leitura breve da vida do santo cuja memória a Igreja celebra no dia seguinte, Ladainha Lauretana.

Programa para os dias da semana:

5h – Santa missa para os empregados (sem pregação).

6h – Santa Missa com exposição do Santíssimo e pregação em polonês.

8h – Missa coral com pregação em polonês.

10h – Missa cantada com exposição do Santíssimo e pregação em alemão.

17h – Pregação em alemão, visita ao Santíssimo Sacramento e à Santíssima Virgem Maria, pregação em polonês, via-sacra. No tempo da Quaresma foi também cantado o Ofício da Paixão de Cristo em polonês. Exame de consciência, leitura breve sobre o santo cuja memória a Igreja celebra no dia seguinte, Ladainha Lauretana.

O ponto central da atividade pastoral dos redentoristas na igreja era a Eucaristia. Por isso punham especial valor na execução festiva do culto eucarístico. Queriam atingir os fiéis com a palavra falada. Hofbauer pensava que, quanto mais rico e vistoso o serviço divino, tanto mais os corações se entusiasmam por Deus e pela fé. "O povo escuta mais com os olhos do que com os ouvidos, é cativado pelos olhos. Isso eu constatei em Varsóvia",[10] confessará mais tarde. Por isso a igreja estava sempre enfeitada com numerosas velas, flores e tapetes. Enfeitavam-se os quadros e os altares. Para a missa só se usavam os melhores paramentos.[11] Os fiéis varsovienses costumavam dizer que "nesta igreja abençoada por Deus (...) está acontecendo uma missão perpétua".[12]

Porém, o que mais despertava a admiração na igreja dos redentoristas era a execução festiva do culto divino com a música e o canto. Isso merece especial atenção porque ia contra a mentalidade severa do tempo do Iluminismo e do

---

[10] Hofbauer a Severoli, Wien, 15. März 1816, *MH* XIV 16.

[11] *MH* V 123; XI 76.

[12] *MH* V 165; VIII 64-65; XI 18, 55, 69-70, 177.

Jansenismo. Responsável pelo canto e pela música era o Pe. Karl Jestershein (1765-1844).[13] Ele era organista, dirigente do coro e da orquestra. Jestershein tornou tão famosa a música dos redentoristas que ela foi adotada em outras igrejas.[14] A orquestra era formada pelos músicos mais conhecidos de Varsóvia, que executavam peças de 68 compositores célebres como: Karl Philipp Emanuel Bach (1714-1788), provavelmente também Johann Sebastian Bach (1735-1782), Ludwig van Beethoven (1770-1827), Josef Haydn (1732-1809), Georg Friedrich Händel (1685-1759), Ernest Theodor Amadeus Hoffmann (1766-1822), Wolfgang Amadeus Mozart (1756-1791), Josef Weigl (1766-1848) e muitos outros. Em 1806 o famoso compositor polonês Josef Elsner, pedagogo e mestre de Fryderyk Chopin, dedicou aos redentoristas o Ofertório *In te Domine speravi*. Em 1826 foi editado em Varsóvia seu *Veni Creator*, que dessa vez ofereceu ao Pe. Jestershein.[15]

O governo da Congregação na Itália, porém, era da opinião que se devia restringir essa atividade. Dia 15.2.1800 o Superior Geral Pe. Blasucci escreveu ao Pe. Hofbauer que

---

[13] *MH* V 120; VIII 52; XII 242-243.

[14] Jestershein an Hofbauer, Warschau, 2. März 1798, *MH* I 25-26.

[15] Ryszard Maczynski, "Koncert u benonitow. Z dziejow zycia muzcycznego Warszawy na przetomie XVIII i XIX wieku" (Da História da vida musical de Varsóvia na virada do século 18 e 19), em Muzyka 34 (1989) Nr. 4, 65-102.

os padres ficam muito envolvidos com a música e o canto nos cultos solenes.[16] Na carta de 14.7.1801 voltou a falar do mesmo assunto para a comunidade de Varsóvia.[17] Conforme sua opinião, a música perturbaria na hora da distribuição dos Sacramentos, especialmente ao se ouvir confissões. Por isso todo o canto, exceto o litúrgico, seja proibido na Congregação. "Nós não fomos chamados para cantar, mas para ouvir no silêncio a confissão dos penitentes e não perturbá-los com nosso canto. Não temos a tarefa de deliciar os ouvidos do povo com nosso canto, atraí-los através da arte, mas cuidar da piedade autêntica, da reforma dos costumes, da administração dos Sacramentos e da pregação da Palavra de Deus."[18]

Em sua resposta de 1.10.1801, Hofbauer escreveu que não se tratava de fazer cócegas nos ouvidos com a música e o canto na igreja, mas de louvar a Deus. Além do mais, deviam-se levar em conta as diferenças de aptidões e costumes regionais. Ele simplesmente se adaptou ao costume do país e do povo e, conseqüentemente, também assim configurou o serviço divino: "Os povos nórdicos são por natureza inclinados ao canto, assim que no Oriente, no Sul e no Ocidente não é fácil encontrar países semelhantes nesse ponto. Desde os tempos antigos era costume glorificar com o canto os fei-

[16] *MH* VIII 68.

[17] *MH* VIII 82-87.

[18] *MH* VIII 83.

tos dos grandes heróis, celebrar os fatos históricos da pátria com poemas épicos e acompanhar com música a doutrina cristã. O costume tornou-se natural; não serve para fazer cócegas nos ouvidos ou encher o coração de vaidade, mas para facilitar a elevação da mente até Deus. Disso resulta que, quando há muita gente na igreja, logo eles começam a acompanhar com cantos populares a ação litúrgica do padre celebrante. (...) Quanto mais solene for a missa e quanto mais harmoniosos forem os instrumentos musicais, tanto mais o coração se enche de fervor e o espírito se eleva". Hofbauer garantiu ao Superior Geral que a música nos países nórdicos, ao contrário da Itália, não dá a mínima ocasião para um comportamento irresponsável na igreja: "Aqui não se vê ninguém se assentar olhando para o coral ou dando as costas para o altar. Aqui não se aplaude ninguém. Ninguém daria o compasso com o movimento do corpo ou de modo semelhante. Isso o povo aqui não toleraria. Se alguém se atrevesse a fazê-lo, seria posto para fora sem consideração à pessoa. Daí se conclui que não se pode abolir um costume já introduzido há muito tempo e baseado numa piedosa tradição".[19]

Os redentoristas davam valor especial na Liturgia ao anúncio da Boa-Nova. Pregavam diariamente cinco até seis

---

[19] *MH* VIII 88-89. Tradução alemã em Hofbauer, *Briefe und Berichte*, p. 38-39.

vezes em diversas línguas: em polonês, alemão e, ocasionalmente, em francês.[20] Suas falas tinham grande efeito entre os fiéis. Produziam em muitos uma mudança de vida e dos costumes. Tornaram-se famosos não somente em Varsóvia, mas também numa vasta região circunvizinha.[21]

Os relatos de Varsóvia sobre as numerosas pregações deixaram novamente no desassossego os redentoristas italianos. Na casa generalíci,a receava-se um exagero e mesmo um prejuízo para a educação e a formação dos estudantes de Teologia. No dia 15.2.1800 Pe. Clemente escreveu a Hofbauer que não concordava que se pregasse todos os dias e tantas vezes na igreja. Conforme sua opinião, isso causaria só aborrecimento e enfado nos fiéis e sobrecarga para os padres.[22]

Em sua resposta de 12.6.1800 Hofbauer expôs ao Superior Geral a decadência da pregação em Varsóvia. Se o Pe. Blasucci conhecesse a depravação religiosa e moral da cidade e da região, não se admiraria com nosso freqüente anúncio da Palavra de Deus, antes, pelo contrário, se perguntaria por que os padres não trabalham mais ainda. As pregações diárias talvez causassem aborrecimento e enfado nos ouvintes de outros países onde os governos cuidam (exageradamente) da ordem. Mas, em Varsóvia, que há algum tempo estava ocupada pela Prússia, a coisa era outra. Todo o governo eclesiástico do país está sob

---

[20] *MH* II 48; VIII 72; XI 55, 198; XII 11-12.
[21] *MH* VII 69, 126, 204-205.
[22] *MH* VIII 68.

o controle do assim chamado "Conselho eclesiástico-político". Este se compõe em grande parte por homens sem religião: "As mãos do bispo estão amarradas; ele não ousa dar uma ordem sequer ou levar algo para o tribunal diocesano sem a permissão do Conselho, da autoridade política que, pela anuência do rei, é composta claramente por pessoas não católicas. Quem são, pois, os Conselhos político-eclesiásticos? Uma escória da humanidade; não são católicos ou não têm nenhuma religião". Hofbauer continua em tom irônico: "Que as leis da moralidade sejam desacatadas publicamente. Que o governo prussiano favoreça, mesmo diretamente, os escândalos tanto no meio do povo como também entre os religiosos. Que a autoridade dos bispos seja completamente impotente e que não tenham nenhum poder em coisa alguma... O que fazer nessa situação?", pergunta Pe. Hofbauer. Ele via a salvação justamente no anúncio freqüente e mesmo diário da Boa-Nova: "Onde o pastor é impedido de deter o ataque do lobo contra o rebanho, é o cão (o pregador) quem deve alertar as ovelhas, ao menos com os latidos, para ficarem atentas, e assim ele espanta os lobos".[23]

Em sua carta de 1.10.1801 ao Pe. Blasucci, Hofbauer voltou mais uma vez ao assunto. As pregações freqüentes substituem as Missões que naquele tempo foram proibidas pelo governo prussiano: "Quanto à pregação freqüente ao povo, ela deve substituir a Missão e pegar seu lugar. Pois

---

[23] *MH* VIII 71-72. Tradução alemã em Hofbauer, *Briefe und Berichte*, p. 31.

aqui as Missões estão proibidas pelo Estado e não podem ser pregadas sem a expressa permissão das autoridades políticas. Já faz sete anos que não foi concedida nenhuma licença".[24] Para esclarecer essa situação, também o Cardeal Lorenzo Litta, Núncio Apostólico em Varsóvia (1794-1796), foi em auxílio dos redentoristas escrevendo ao Pe. Blasucci dia 11.1.1800: "A atividade pastoral dos padres poderia parecer demais; mas não o é, se considerarmos as necessidades religiosas deste país, pelo qual alguns poucos se preocupam em trabalhar pela vinha do Senhor. Eu não ousaria aconselhar esses padres a deixar o que estão realizando, pois vejo todos os seus trabalhos produzindo grandes frutos. Daí, eu teria medo de opor-me à vontade do Senhor e por a perder sua obra".[25]

Junto com a celebração eucarística e o anúncio do Evangelho, a administração do Sacramento da Penitência era tida como tarefa principal dos redentoristas. Os padres ocupavam seus lugares no confessionário às cinco horas da madrugada e ouviam confissões até à noite. Somente ao meio-dia concedia-se uma pausa de duas horas. Assim os redentoristas ganharam a fama de bons guias espirituais. "As pessoas mais piedosas, os religiosos mais zelosos, os católicos mais instruídos escolhiam sempre os redentoristas para seus confessores."[26]

---

[24] *MH* VIII 89. Tradução alemã em Hofbauer, *Briefe und Berichte.*

[25] *MH* VIII 205.

[26] Adam Owczarski, *Die Seelsorgerliche Tätigkeit der Redemptoristen...*, 125-129.

Com sua atividade os redentoristas exerciam influência sempre crescente nos fiéis. Isso prejudicava mais e mais a estima dos funcionários da administração prussiana em Varsóvia. Por isso, eles procuravam sempre que possível restringir a afluência do povo na igreja. Contra eles eram feitas acusações como: propagação da superstição, do fanatismo religioso e exaltação religiosa. A igreja de São Beno foi descrita abertamente como sendo uma fonte de desordem e abusos para toda a cidade.[27] A administração prussiana solicitou do bispado que fixasse o horário das funções religiosas até certa hora da tarde.[28] A cúria episcopal cumpriu essas exigências. Dia 10 de junho de 1801 publicou uma norma sobre a programação diária das funções na igreja. Os redentoristas podiam continuar os cultos, mas de 1º de maio até 1º de outubro a igreja devia fechar às 20 horas. Nos meses restantes, as funções religiosas deviam encerrar-se às 18 horas.[29]

No documento de 4.5.1802, os funcionários prussianos mais uma vez intimaram a cúria diocesana a "organizar o serviço público dos benonitas como pedem o espírito da Igreja e o interesse do Estado".[30] Depois se dirigiram diretamente a Miaskowski, bispo de Varsóvia, e exigiram dele que proibisse a atividade pastoral dos redentoristas. Em documento de 20.8.1802 o bispo declarou ao rei Friedrich Vilhelm III que, como bispo, tinha o direito de proi-

---

[27] *MH* II 7; III 30.
[28] *MH* II 7.
[29] *MH* II 8.
[30] *MH* II 25.

bir a execução de certas celebrações. Mas os serviços religiosos dos redentoristas na igreja de São Beno alcançaram tal prestígio e tão grande afluência, tanto no meio do povo simples como nos círculos aristocráticos, que ele como bispo não só poria em jogo a confiança dos fiéis como também se colocaria numa posição desfavorável, caso quisesse efetuar algumas reformas. Portanto, deixaria para o rei e a polícia prussiana tudo o que diz respeito aos redentoristas.[31]

Mas o domínio da Prússia em Varsóvia estava chegando ao fim. Os prussianos deviam abandonar a cidade em conseqüência das derrotas de guerra contra a França. Em novembro de 1806 as primeiras tropas do exército francês entraram em Varsóvia. Em julho de 1807 formou-se o ducado de Varsóvia, cuja frente ficou o rei saxônio Friedrich August (1807-1815). Contudo, a França reservou-se o direito de deixar em Varsóvia seus representantes de governo que tiveram grande influência sobre a ação do governo do ducado. Na verdade, quem reinava em Varsóvia, era o marechal francês Davout.

Os redentoristas puderam continuar sua atividade na igreja de São Beno, mas ela não durou muito tempo. O governo do ducado de Varsóvia os acusou de traição do Estado, de exercer influência perniciosa sobre os fiéis, sobre a religião, sobre os costumes e a moralidade. Por ordem de Napoleão, o convento foi fechado e os redentoristas expulsos da cidade.[32]

---

[31] MH III 48s.

[32] Adam Owczarski, "Die Aufhebung des Redemptoristenklosters von St. Beno in Warschau am 20.6.1808", em HS 47 (1999) 307-354.

Annemarie Fenzl

Atuação pastoral de Hofbauer em Viena

Confesso que foi com um pouco de trabalho que me aproximei da pessoa de São Clemente, o patrono e cura espiritual da cidade de Viena. Pouco a pouco fui percebendo a especial complexidade do tema a ser desenvolvido.

Selecionei alguns pontos de apoio que me pareceram mais apropriados e que, assim espero, tornam viva e compreensível a pessoa, a vida e a atuação de São Clemente em Viena.

Tentei também refletir sobre a importância de Hofbauer, especialmente para nosso tempo. Tentei igualmente descobrir aquelas linhas que, saindo dele, chegam até nossa atualidade. Naturalmente existem algumas; se não, aqui não estaríamos hoje reunidos. O que ele fez melhor ou de outra maneira? O que leva os pastoralistas, os sacerdotes, os leigos, ainda hoje ou hoje de novo, a refletirem um tanto surpresos sobre esse homem, um pouco simples à primeira vista?

Cada santo tem um carisma específico que vem como resposta bem clara a problemas muito concretos de seu tempo. O carisma específico de Clemente Maria Hofbauer é, assim creio, antes de tudo, sua incolumidade espontânea, sua imunidade frente a tudo que entendemos por "Josefinismo", por mais disfarçado que pareça. Com isso, ele se destaca nitidamente do fundo sombrio de um quadro, no qual a classe sacerdotal josefinista se ajuntou e que – totalmente fiel e esforçado – devia marcar ainda todo o século XIX. Queremos agora contemplar um pouco mais de perto este pano de fundo.

1. O tempo e a vida eclesiástica antes da Revolução de Março

Quando Clemente Maria Hofbauer veio para Viena em setembro de 1808, a Europa estava, como em nossos dias, diante de grandes mudanças. A Revolução Francesa e as guerras napoleônicas tinham sacudido seus fundamentos, espiritual e socialmente. O Congresso de Viena estava diante dos difíceis problemas da reconstrução européia e, ligada a isso, da preparação para uma paz duradoura.[1]

O bispo príncipe de Viena, Sigismund Anton Graf Von Hohenwart, antigo professor do imperador, estava com 85 anos no tempo do Congresso de Viena. O Arcebispo era um ho-

[1] Cf. para isso: Erich Zöllner, *Geschichte Österreichs. Von de Anfängen bis zur Gegenwart*, Wien 1974.

mem piedoso, amável, interessado em Arte e Ciências, manso e generoso, simples e satisfeito em seu estilo de vida, dedicado fielmente ao soberano, e atinha-se conscienciosamente às prescrições josefinistas. Não era combativo por natureza, mas podia avançar resoluto, mesmo contra o imperador e o governo, quando se tratasse de algo fundamental. Alguns escritos no intercâmbio mantido com Hofbauer o demonstram.[2]

Nesse tempo, moravam em Viena cerca de 250 mil pessoas de diversas nações e, dessas, 50 mil dentro dos muros da cidade. A situação social se configurava cada vez mais crítica. O encarecimento das coisas em conseqüência da guerra, a industrialização e a técnica crescente geravam vidas arruinadas de trabalhadores, principalmente nos arrabaldes, onde a população procurava dominar com medidas coercitivas, num clima de autoridade e caridade. Nos relatórios das visitas dos bispos aparecem sempre três coisas para debate: tendência para a bebida, número excessivo de salas de dança e aumento de nascimentos ilegítimos.[3]

Em confronto com as idéias iluministas do imperador José II propagadas há poucos decênios, o Estado de "antes da Revolução de Março" afastou para longe qualquer tendência

---

[2] Cf. Coelestin Wolfsgruber, Sigismund Anton Graf von Hohenwart, *Fürsterzbischof von Wien*, Styria, Graz-Wien, 1912.

[3] Cf. Wien im "Vormärz", em *Forschungen und Beiträge zur Wiener Stadtgeschichte*, vol. 8, hrsg. Von F. Czeike, Wien 1980; Érika Weinzierl Fischer, "Visitationsberichte österreichischer Bischöfe an Kaiser Franz I, 1804-1835", em *Ecclesia semper reformanda, Festschrift für Érika Weinzierl*, Wien-Salzburg 1985, p. 27ss.

para rever a situação que tivesse algo a ver com "reforma".

Total vigilância policial sobre qualquer manifestação de vida e normas severas sob censura estendiam-se até a literatura e o teatro, mas ainda impressões gráficas até de cartazes comerciais e lápides sepulcrais impediam qualquer progresso espiritual.

Sob o ponto de vista religioso as pessoas viviam dentro das estruturas que o Josefinismo havia criado: tudo devia sujeitar-se ao critério utilitarista do "Estado do Bem-estar", governado de maneira centralizadora e absolutista; também a Igreja, cuja importância era vista não tanto em seu aspecto transcendente, mas no esforço de fomentar a "bem-aventurança" da pessoa no plano moral. A vida católica interna estava praticamente soterrada.

O clero desse tempo, formado em grande parte no Seminário Geral para se ter uma linha o mais possível uniforme, era subsidiado mais ou menos com os "fundos de Religião", que ficavam sob o controle da administração estatal, subentendo-se que estava tanto a serviço de suas funções públicas como do Estado. Tinha uma supercarga de deveres, chegando freqüentemente à exaustão: além dos compromissos religiosos, cabia-lhe a instrução do povo, o cuidado dos pobres e da saúde pública. Recebia as ordens do governo através da Cúria diocesana.[4]

---

[4] Sobre isso, cf. Johann Weissensteiner, "Vom josephinischen Staatsbeamten zum Seelsorger der lebendigen Pfarrgemeinde", em *Römische Quartalschrift*, vol. 88, caderno 3-4, 1993, p. 295ss.; Christine Schneider, *Der niedere Klerus im josephinischen Wien zwischen staatllicher Funktion und seelsorgerischer Augabe*, Wien 1999.

Apesar de tudo isso, a disciplina do clero, segundo os relatórios das visitas dos bispos austríacos ao imperador Francisco I, editados por Érika Weinzierl, era relativamente boa. Sua situação econômica deixava muito a desejar, mais ainda sua espiritualidade. Conseqüentemente, era muito reduzido o aumento de vocações, certamente condicionado também pelo sistema josefinista do padre funcionário, pouco atraente para a juventude.[5]

2. Inícios da atividade pastoral de Hofbauer em Viena

Nessa situação Hofbauer, então com 57 anos, voltou a Viena em setembro de 1808 como Vigário Geral de sua Congregação Religiosa, além da dos Alpes desde 1788, após o fim dramático de sua atuação em Varsóvia e a despedida dolorosa de sua comunidade religiosa.

Viena, aquela capital onde, aos 32 anos, começou os estudos teológicos (1783-1784), que logo abandonou por causa do "espírito anticristão, acatólico e racionalista" do Iluminismo e Josefinismo. Contudo, na permanência anterior em Viena houve um lado bom: a amizade feita com o ex-jesuíta Nicolaus Josef Albert Diessbach, em cujo círculo

---

[5] Érika Weinzierl, Fischer, op. cit.

familiar de amigos e de renovação ficou conhecendo todas aquelas pessoas que mais tarde seriam seus grandes protetores, principalmente o barão Josef von Penkler. Diessbach seria, sob outro aspecto, um guia para Hofbauer.[6]

E agora sua nova e última permanência em Viena (que propriamente deveria ser uma estação intermediária de viagem) começa sob uma estrela nada melhor: Caiu logo na rede da polícia, apesar de logo ter sido provada sua inocência, como suposto ladrão de igreja. Mas daí para frente viveu rigorosamente vigiado e, portanto, restrito em seu raio de ação. As conseqüências do bloqueio de Viena em maio de 1809 pelos franceses e as operações finais de guerra deram-lhe oportunidade para prestar algum auxílio religioso nos hospitais militares.

Seu velho amigo Barão Penkler, agora uma personalidade muito influente e administrador da igreja dos Minoritas, conseguiu para ele o múnus de padre auxiliar, com casa para morar. Nos quatro anos seguintes, sua atividade consistiu

---

[6] Sobre Hofbauer e seu tempo cf. Johannes Hofer, C.Ss.R., *Der Heilige Klemens Maria Hofbauer*, Lebensbild, Freiburg/Breisgau 1921; Georg Freund, C.Ss.R., *Der Hl. Klemens Maria Hofbauer, eine Lebensskizze, zur Feier der Heligsprechung neu herausgegeben von P. Franz Weinmann C.Ss.R.*, Regensburg 1909; Eduard Hosp, "Kirche Österreichs in 'Vormärz', 1971", em *Forschungen zur Kirchengeschichte Österreichs*, vol. 9; Josef Heinzmann, C.Ss.R., *Klemens M. Hofbauer – das Evangelium neu verkünden*, Freiburg 1987; Eduard Hosp, C.Ss.R., *Der Heilige Klemens Maria Hofbauer*, Wien, 1951; Kornelius Fleischmann, *Klemens Maria Hofbauer, sein Leben und seine Zeit*, Graz 1988; Wilhelm Hünermann, *Der Apostel von Wien, Klemens Maria Hofbauer*, Innsbruck 1988 etc.

em ouvir confissões tanto na igreja dos Minoritas, como também dos Mequiaristas, refugiados em Viena desde 1809. Pregar era permitido somente raras vezes, mas o número de seus penitentes subia continuamente. Foi um tempo de silêncio e recolhimento, preparando-se para o que devia vir. Em julho de 1813, o arcebispo Hohenwart o nomeou Reitor da igreja de Santa Úrsula, confessor e acompanhante espiritual das Irmãs Ursulinas, sediadas lá, recebendo tanto um salário modesto como casa e mesa, na rua Sailerstätte.

Nos próximos sete anos até sua morte, o centro de suas múltiplas atividades devia desenvolver-se na Viena do início do século XIX. Aqui o sacerdote e cura espiritual, imune às influências do Josefinismo, começou seu trabalho pastoral. Um trabalho sobre o qual o discípulo e iniciador de seu futuro processo de beatificação, o arcebispo vienense Cardeal Rauscher, disse: "Pe. Hofbauer pode ser considerado o restaurador da vida eclesial em Viena, pois imprimiu uma direção melhor àquele tempo e, só a partir de sua atuação, podia falar-se novamente de uma Viena católica".

3. A pessoa de Clemente Maria Hofbauer

Descrições contemporâneas de sua pessoa, de início, surpreendem-nos pela influência que esse homem, aparentemente tão simples, pôde granjear nos meios mais diversificados. Assim um rapaz de seus 14 anos, filho do intendente doméstico do "Karolyischen Palais auf der Wieden", expressou sua admiração ante o respeito que tinha por ele: "A aparência exterior do Pe. Hofbauer contrastava com a veneração que lhe prestavam. Sua veste simples, poder-se-ia dizer pobretona, mas sempre limpa, o tecido escuro bastante gasto, seus sapatos de solas grossas, bem 'batidos', sua postura um tanto inclinada para frente, seu chapéu desabado e surrado, e, contudo, sua fisionomia sempre jovial, simpática, seu sorriso sem malícia, sua voz de timbre suave – em tudo isso nada havia que pudesse meter medo... Notável é para mim que, na insignificância aparente desse homem honrado, em seu sorriso complacente, em sua voz suavemente ciciante, sobressaia algo que impunha".[7] Essa descrição de um adolescente explica com poucas palavras o contraste aparente de sua postura externa com seu modo cheio de amor e consideração.

A observação de Zacarias Werner, segundo a qual "Hofbauer tem às vezes um gênio que é preciso conhecer em profundidade para não estranhar",[8] chama a atenção e parece confirmar aparentemente o preconceito que as pessoas poderiam criar a respeito de um homem cujo temperamento extremamente vivo, forte, apaixonado e agressivo... não raramente o levava a "despejar" instintivamente o que

---

[7] Johannes Hofer, C.Ss.R., *Der Heilige Klemens Maria Hofbauer. Ein Lebensbild*, p. 405s.

[8] Johannes Hofer, C.Ss.R., "Der Heilige Klemens Maria Hofbauer", em *Religiöse Quellenschriften*, Heft 59, Düsseldorf 1929, p. 37.

estava pensando no momento. Daí vinha, vez por outra, sua queixa: faltou-lhe uma formação mais profundamente humanística e mesmo filosófica, circunstância esta que não raramente gerava uma espécie de complexo de inferioridade ligada a uma necessidade de compensação. Estou pensando especialmente no caso de Sailer, cuja concepção de piedade foi incompreendida por Hofbauer.

Quem mais conseguiu chegar ao íntimo de sua pessoa, indo além do puramente exterior, foi João Wolff, um judeu de Beirute, primeiramente católico, depois anglicano, que descreveu de modo vivo os grupos e círculos na Viena de então. Ele observou maravilhado "que influência enorme Hofbauer granjeou no meio do clero e da nobreza de Viena, ele que parecia ter saído da Idade Média. Pois a maioria dos eruditos da Universidade tornou-se ultramontana por causa dele, e as damas da nobreza beijavam-lhe a mão".[9] Qual era o segredo de atração desse homem ao redor do qual se formou em pouco tempo um círculo de admiradores, amigos e discípulos; ele, por um lado, um católico popular e conservador; mas, por outro, sempre em condições de convencer e ganhar para si seus contemporâneos iluministas, intelectuais e filósofos, sem contudo reconduzi-los para a Idade Média. Ele que, além do mais, sabia lidar também com gente simples?

[9] Johannes Hofer, op. cit., p. 33.

Poder-se-ia responder assim: Nele havia uma fé profundamente autêntica, unida com um jeito simples e popular (propenso a gracejos), e um julgamento sadio que respeitava o direito da razão. O Iluminismo não tinha nada que fizesse sorrir; era, não somente sob o ponto de vista religioso, o cumprimento sério do dever de cristão, sem uma centelha daquele dom divino – que se chama humor – em meio à frieza e ao rigorismo. O jeito autêntico e direto de Hofbauer fazia notoriamente grande impressão sobre aquela camada intelectual que, insegura pela revolução e pela guerra, perdeu a fé no aperfeiçoamento da vida através da educação;[10] que o palavrório moralizante de proveniência josefinista saturou; e que procurou segurança e abrigo, de certo modo, em outra margem: nas estruturas sólidas de uma fé eclesial que a vida interior e o espírito de Cristo encheram novamente de vida nova.

Mas Hofbauer não era simplesmente um restaurador. Em seu caráter e em sua religiosidade encontram-se também traços "iluministas". Ele conhecia as exigências do tempo quando, por exemplo, deu grande importância à educação. Ele que procurou a solidão diversas vezes, na síntese entre a comum piedade popular e a piedade "interior" tornada necessária, conseguiu evidentemente chegar a um novo encontro com a mensagem do Evangelho, "que devia ser pregado

---

[10] Otto Weiss, "Zur Religiosität der österreichischen Katholiken in XIX Jahrhundert" (A contribuição de Hofbauer e dos Redentoristas), em *SHCSR* 43, 2 (1995), p. 346s.

de maneira totalmente nova", como se queira entender essa expressão.

Mas isso tudo não é nada mais do que a descrição complacente de um cura espiritual talentoso e engajado que ainda não explica suficientemente seu sucesso duradouro junto às pessoas de seu tempo.

No túmulo de Adriano VI, em Roma, pode-se ler esta frase confortadora: "O que adianta para um homem ótimo se ele nasceu no tempo errado?" Aplicando-a para Clemente Maria Hofbauer, pode-se dizer: Do jeito que ele era, ele nasceu justinho no tempo certo e tinha exatamente aqueles dons que o gênio do momento exigia; ele o conheceu e aproveitou seus dons.

A pergunta era: O que é que o momento exigia e onde as pessoas poderiam agir na Viena josefinista?

A piedade dos Habsburgos, denominada "piedade austríaca", foi desde séculos a coluna sólida sobre a qual se apoiou a Igreja estatal do antigo modelo; ao mesmo tempo foi a garantia para um benévolo domínio protetor dos soberanos sobre a Igreja. Ela encontrou sua marca, antes de tudo, no culto da Eucaristia, da Paixão e da Mãe de Deus. Esta trilogia da piedade dos habsburgos formou mui profundamente o espírito dos governantes.

Depois do perigo turco e da vitória sobre o Protestantismo, desenvolveu-se pelo fim do século XVII uma nova floração da vida cultural e religiosa. O esplendor "secular" e o fervor religioso encontraram aquela fusão inimitável que designamos por cultura barroca. Os portadores dessa cultura eram, antes de tudo, os mosteiros que estavam sob o protetorado do imperador. Desenvolveu-se uma vida religiosa muito rica com irmandades e congregações, devoções, peregrinações e procissões. As festas do ano eclesiástico eram celebradas no verdadeiro sentido da palavra.

O barroco era uma cultura festiva, na qual elementos irracionais da cultura humana foram ativados como jamais. Naturalmente isso tinha também lados sombrios, pois o enfeite podia mui facilmente se transformar numa frustração. Nem sempre a pastoral conseguia fazer o povo passar das formas externas da celebração para uma compreensão mais profunda da fé.[11]

Em 1781 a capela de Santa Maria Madalena, situada na praça de Santo Estevão, pegou fogo, justamente por ocasião de uma função religiosa, devido ao excesso de enfeites. Em maio de 1782 foi proibido, por meio de uma circular, "todo o enfeite, pompa e iluminação exagerados que não correspondessem ao espírito da Igreja". Na Páscoa de 1783 entrou em vigor a nova organização do culto divino, com a suspensão de todas as Irmandades, devoções, procissões etc.

O Iluminismo nada podia fazer com esses elementos irracionais, e assim a ruptura foi inevitável e tanto mais profunda,

---

[11] Otto Weiss, op. cit., p. 354. Cf. Josef Wodka, *Kirche in Österreich*, Wien 1959, p. 241ss.; Hans Hollenweger, "Die Reform des Gottesdienstes zur Zeit des Josephinismus in Österreich", em *Studien zur Pastoralliturgie*, vol. 1, edit. por Bruno Kleinheyer und Bernhard Meyer, Regensburg 1976, p. 35s.

principalmente porque o Iluminismo não soube avaliar os valores positivos do barroco, nem estava disposto a pensar como preencher nas pessoas o vazio deixado pelas supressões. Então, por onde começar? Lá, onde doía mais: nas preocupações pessoais, no culto divino, na pregação, em toda a parte onde a Religião e a Igreja entravam em contato direto com as pessoas.

4. São Clemente: Um "cura espiritual nato"

Um dos que podem julgar – Heinrich Swoboda, autor do livro "Pastoral na grande cidade"[12] – denomina São Clemente "o cura espiritual nato". O que é um cura espiritual nato?[13] Talvez se possa definir assim: É aquele que tem, além do amor a Deus e ao próximo, um instinto natural para fazer aquilo que deve ou não deve ser feito, no momento exato e na circunstância certa.

Clemente Maria Hofbauer, logo após a chegada a Viena, sabia evidentemente o que era para fazer. Entrar na estrutura josefinista de uma paróquia não era possível

---

[12] Heinrich Swoboda, *Grosstadtseelsorge. Eine pastoraltheologische Studie*, Regensburg, Rom, New York und Cincinati 1909.

[13] Heinrich Swoboda, "Der hl. Klemens Maria Hofbauer", em *Festschrift und Festbericht der Jahrhundertfeier des hl. Klemens Maria Hofbauer*, Wien, 1920, p. 18.

e também – dentro da mentalidade do tempo – nem tão urgentemente necessário (Swoboda). Pois o clero formado no estilo josefinista desempenhava ordenada e conscientemente sua tarefa nos primeiros decênios do século XIX, sem especiais e altos vôos espirituais, mas conscienciosa e satisfatoriamente.

Hofbauer, que, assim diz Swoboda, "aquém dos Alpes queria sentir todas as batidas do coração do puro catolicismo romano, em Viena só encontrou o ambiente gelado do Josefinismo, uma ossificação em rígidas formas estatais"; por isso "o combate contra a banalização da fé autêntica e profunda e contra a subnutrição das almas... era urgentemente mais importante do que o trabalho segundo o esquema paroquial vienense". Ele, pessoalmente, via que seu trabalho em Viena deveria consistir na "reforma do espírito pastoral" e em sua muito comentada pastoral individual, sempre subordinados ao interesse principal: o cuidado por sua Congregação, com cujo auxílio ele queria corresponder à urgente "necessidade daquele tempo, isto é, a salvação das almas em grande estilo".[14] Nada se ficou conhecendo a respeito de algum movimento especial de Missão ao clero de Viena.

Que essa situação não se alteraria essencialmente no decorrer de todo o século XIX, descreve Otto Friedländer

---

[14] Heinrich Swoboda, op. cit., p. 20.

(1889-1963) em seu precioso livrete "Último lampejo da cidade dos contos – isto era Viena em 1900",[15] no qual ele, entre outras coisas, coloca sob a lupa a Igreja da monarquia agonizante, analisando com fino humor: "A Igreja na Áustria vai bem! Leva uma vida tranqüila, protegida pela lei, pela moral e pela tradição... não se mexe, não vai atrás do povo, não precisa disso; espera que o povo venha até ela. A boa intenção do senhor pároco é muito útil para muitas coisas, e a resistência da Igreja poderá tornar-se desagradável. Aliás, não se nota muita coisa nela. (Poder-se-ia ajuntar: Clemente Maria Hofbauer notou muita coisa.) Quem vai ter com o pároco, encontra um funcionário muito ocupado, que difere de outro quase só pelo colarinho clerical. Na parede está dependurado o telefone ao lado do crucifixo; diante dele se vê uma agenda bem cheia... No dia e hora tal: comissão da construção da igreja, casa dos aprendizes, equipe da imprensa, casa da juventude, conselho escolar, aula de catequese, equipe de canto coral, fundação do orfanato, caixa da poupança, departamento da estatística, comitê eleitoral do município e, de repente, reza do terço... O pároco também é funcionário do Estado; a gente nem imagina quanta coisa um pároco tem de fazer... Vai de reunião em reunião, de comitê em comitê e, nos interva-

---

[15] Otto Friedländer, *Letzter Glanz der Märchenstadt. Das war Wien um 1900*, Wien-München 1977, p. 82ss.

los, vai ao Parlamento, ao Ministério, ao Bispo, à Câmara Municipal".

Hofbauer certamente não fez nada disso, nem precisou fazer, porque não trabalhou em paróquia. Mas conheceu evidentemente as paróquias josefinistas, que corriam certinhas, melhor dizendo, não corriam, nada mais se mexia. O povo era assim, não estava acostumado com outra coisa; em geral não exigiam nada mais. Os párocos eram bondosos e amáveis; sempre muito ocupados e, acima de tudo, muito cautelosos...

E aqui surge São Clemente com aqueles que nesse tempo queriam muito mais – por motivos diversos. Com seu jeito natural, sem convencionalismos, provocante às vezes, acorda as pessoas da passividade, provoca, responde a perguntas não formuladas, a desejos escondidos de todos aqueles que quereriam fazer mais do que só se deixar dirigir espiritualmente: os artistas, os intelectuais, os estudantes, a juventude desencontrada, os convertidos, os pobres, os desiludidos, os duvidosos. A todos esses ele pregava "o Evangelho de um modo novo". Se com isso ele pensou – como diríamos hoje – numa nova evangelização de toda a cidade, no sentido de cobrir uma falta, ou pensou em dever ir ao povo evangelizando (diante da "oratória" josefinista), no sentido de um João XXIII, não no fundamental mas na forma (eu pessoalmente sou pela última hipótese), ficamos indecisos. Importante mesmo é o novo impulso. Hofbauer queria fazer de indivíduos passivos pessoas ativas. Apostava na pessoa como indi-

130

víduo e em seu abafado anseio de seriedade, autenticidade e profundeza da fé, muita coisa embrulhada em roupagens que hoje parecem estar fora do tempo "antes da Revolução de Março", mas dentro do espírito de Cristo e sua Igreja que não dependem da moda.

Assim ele se lançou no livre campo do pastoreio, por assim dizer, como protótipo do Bom Pastor, no dizer do Concílio Vaticano II. Estava disponível a qualquer momento para cada um que precisasse de seu auxílio, sem distinção de pessoa, mas também sem nenhum compromisso, na reta consciência de que a vida religiosa de cada um deve ser formada desde os fundamentos.

O encontro direto com o indivíduo ele o fazia na confissão pessoal. Hofbauer sabia também que para o retorno da alma (para Deus), também a doação, a aproximação e a amizade ajudam muito. Assim ele pôde atingir as pessoas mais diferentes, numa união harmônica de vida e fé.

Por aí se vê que Hofbauer não era um lutador sistemático contra o Iluminismo, mas um vencedor pela base de seus efeitos negativos, seguindo assim as pegadas de seu fundador, Santo Afonso de Ligório.

Correspondendo aos costumes do tempo, tentou com sucesso reunir em grupos de amigos e círculos todos os simpatizantes que viviam isoladamente. Não criou conscientemente nenhum mundo contrário. Com instinto certeiro utilizava o instrumentário do tempo: a vida dos salões, os círculos de amigos, o costumeiro estar juntos atrás de cortinas bem protegidas, o sentido da amizade e do "colocar-se a salvo" diante do mundo exterior, frio, desconfiado e desorientado. Assim ele evitou que a chama da antiga e nova fé se apagasse. Fazer mais, não era possível no momento, mais que isso, um homem não podia fazer naquela situação. O estudo interessante de um americano, William D. Bowman, sobre o tema "Padre e paróquia em Viena (1178-1880)",[16] para cujos estudos utilizou as atas do arquivo diocesano de Viena, chega mais ou menos à mesma conclusão; constata, porém, com respeito a Hofbauer, que sua influência foi considerável nos círculos intelectuais e entre alguns párocos, mas que seu tipo de religiosidade não "mexeu" realmente com a postura e a práxis josefinista, predominante no meio do clero vienense, especialmente do clero menos instruído e menos apto da zona rural e das pequenas cidades. Ainda segundo Bowman, o forte reavivamento católico que atingiu as paróquias da arquidiocese não saiu do assim chamado "círculo de Hofbauer". Por isso, não foi possível, a despeito dele, atribuir à Igreja Católica oficial o movimento que acarretou a mudança das relações sociais e comunitárias como conseqüência da rápida e progressiva industrialização de Viena e da Áustria Inferior. Pelo contrário, o clero permaneceu estático diante de uma sociedade em rápida mudança. Seu perfil social do século XIX

---

[16] William D. Bowman, *Priest and Parish in Vienna, 1780-1880*, Boston 1999, p. 10ss.

não foi essencialmente diferente daquele do século XVIII. A chance dada, depois de 1848 e no fim do eclesialismo estatal josefinista, para se reestruturar não foi aproveitada. O clero defendeu mais suas competências "josefinistas" e seus privilégios como educadores moralistas e detentores do monopólio da educação das comunidades paroquiais. O clero que estava então diante da escolha entre novos caminhos (ganho de filhos de operários para o sacerdócio) ou a volta para os velhos baluartes familiares, como agricultura e pequena indústria, decidiu-se em grande parte pelo segundo caminho. Assim escreve Bowman.

A tarefa do clero, que este não podia executar, foi assumida a seu modo (assim eu diria) pelos amigos e discípulos de Hofbauer, leigos na maioria. Eles mais tarde, após a revolução de 1848, tornaram-se, em parte, os expoentes de um novo começo. Se os "ligorianos" eram tidos como o símbolo odiado do ultramontanismo "antes da Revolução de Março", os outros, os leigos, podiam levar avante, privadamente, a chama da renovação. Engajou-se nisso uma parte dos discípulos e seguidores de Hofbauer – Emmanuel Veith, Anton Günther, o jovem Anton Gruscha, o futuro arcebispo de Viena, como também Sebastian Brunner – nas associações católicas fundadas mais tarde, como também na estruturação de uma boa imprensa católica, não sem violentas controvérsias com o velho e o rígido sistema da Igreja "oficial" novamente restaurado depois de 1848. A concordata firmada em 1855 no tempo do cardeal Rauscher, discípulo de Hofbauer

– conquista dos movimentos de renovação eclesiástica –, tornou-se em seguida vítima da desconfiança do liberalismo frente às estruturas clericais tanto tempo cultivadas. Mas se poderá dizer: foi o "trabalho subterrâneo" de Hofbauer que, no sentido de uma boa preparação do terreno, poupou à Igreja da Áustria, no tempo do impetuoso Liberalismo na segunda metade do século XIX, um "Kulturkampf" no estilo da Alemanha.

Foi carisma do Pe. Hofbauer ter seguido instintivamente um plano certo ao perceber que as paróquias, já sem vida "antes da Revolução de Março", não tinham mais vigor suficiente para movimentar coisa alguma: nessa situação uma renovação espiritual consistente só podia sair de indivíduos resolvidos, melhor ainda, de uma comunidade decidida, formada por membros que pensam do mesmo jeito. Assim a atuação de Clemente teve uma duradoura continuação comunitária através dos discípulos e dos membros do grande círculo de amigos, até depois de morto, a despeito de todas as contrariedades.

Para nós hoje, Clemente Maria veio sem um plano elaborado de pastoral.

5. Como água numa esponja seca

A política eclesial do Josefinismo não podia impedir por muito tempo o surgimento de um movimento de restauração católica. Já em 1790 o então jesuíta Nicolau Josef Albert von Diessbach, como diretor espiritual, havia espalhado idéias de restauração católica entre os eruditos religiosamente interessados em Viena. Logo depois da metade do século XVIII, instalou-se em toda a Europa Central um forte movimento contra o racionalismo do Josefinismo. A vida sufocada do sentimento irrompeu como uma tempestade na vida espiritual do tempo. Enquanto o pré-romantismo preferia manter-se hostilmente distante do cristianismo e o alto romantismo demonstrava aqui e ali traços panteístas, o pós-romantismo se voltou para um catolicismo poético.[17] Esta corrente do romantismo simpática à Igreja caiu justamente em Viena, em terreno fértil. Quando Clemente Maria Hofbauer veio para Viena em 1808, continuou fazendo dele como que o centro espiritual do círculo romântico católico de Viena, cujos membros, nobres, artistas, eruditos, poetas e políticos, esperavam dele toda a salvação da casa católica da Áustria. No tempo do Congresso de Viena, esse círculo se expandiu também no âmbito político. Cabeça e centro espiritual desse círculo de amigos era Friedrich Schlegel com sua esposa Doroféia.

A literatura não dá – nem mesmo Johannes Hofer na biografia do santo, escrita com muita sensibilidade – nenhuma notícia aproximativa sobre quando Hofbauer começou a

---

[17] Cf. Eduard Hosp, C.Ss.R., "Der hl. Klemens Maria Hofbauer", op. cit., p. 106ss.

conhecer o casal Schlegel, convertidos em abril de 1808, na catedral de Colônia, após uma vida pregressa muito movimentada. No verão do mesmo ano chegou a Viena Friedrich Schlegel, o "príncipe do Romantismo", como era chamado de maneira um tanto patética, enquanto sua esposa o seguiu em outubro. Em 1809 Schlegel recebeu o encargo de secretário-mor da chancelaria do Estado. O casal Schlegel pertencia ao número dos primeiros conhecidos do Pe. Hofbauer quando chegou a Viena em 1808. O barão Penkler foi quem os trouxe, como sempre se afirmou. O relacionamento de Hofbauer com eles era, assim relata Hofer, muito mais que uma amizade comum. Philipp Veit, filho do primeiro casamento de Dorotéia Schlegel, testemunhou esse estreito relacionamento de Hofbauer com o líder do Romantismo, Friedrich Schlegel: "Como hóspede quase diário da casa, exercia a maior influência sobre Friedrich e a saudosa mãe, os quais se apegavam a ele com amor ilimitado e alta estima".[18]

Quero apenas lembrar brevemente um pensamento que não há como provar, mas que caberia muito bem em São Clemente: Fortemente influenciado pelo Pe. Diessbach, estava indubitavelmente afeiçoado às idéias (criação de bibliotecas para empréstimo, criação de pensionatos) e aos métodos missionários dos jesuítas. Um deles, narrado como gracejo, ilustra bem o que foi dito: Em vez de, como fazem

---

[18] Johannes Hofer, op. cit., p. 35.

os franciscanos, converter penosamente sete mil indígenas um por um e ainda com baixas, o jesuíta converte e batiza logo o cacique deles e assim, mais cedo ou mais tarde, ganha toda a tribo.

E Clemente Maria Hofbauer tinha Friedrich Schlegel. Ainda uma vez: Eu não quereria afirmar que Hofbauer insinuou-se calculadamente na confiança de Schlegel. A ligação entre Hofbauer e o convertido Schlegel era realmente ideal. Os fundamentos espirituais da renovação religiosa que Schlegel trouxe foram colocados na vida prática por Clemente Hofbauer. Talvez era novamente esse o único tempo certo. Em todo o caso foi crescendo pouco a pouco ao redor desses dois homens o círculo de amigos, mais tarde tornou-se o círculo-Hofbauer.

Foram agregando-se a ele o professor de Direito político Adam Müller; o pintor Friedrich von Klinkowström, cujos dois filhos entrariam na Ordem dos Jesuítas; o ex-maçom fanático, depois convertido e sacerdote (1814) e escritor Zacarias Werner; o historiador e lingüista Friedrich Schlosser com sua esposa Sofia, que Hofbauer ficou conhecendo através de Josef Anton von Pilat, secretário particular de Metternich e editor do jornal oficial do Estado "O observador austríaco", maçom também, anteriormente, convertido por Hofbauer; a seguir, o padre filósofo Anton Günther; os irmãos Georg e Anton Passy, mais tarde redentoristas; barão Josef Penkler; o médico judeu Johann Emanuel Veith, que se tornou católico por influência de Hofbauer; e muitos outros. A fé simples e robusta e a firme eclesialidade de Hofbauer uniram todas essas pessoas, tão diferentes entre si. Foi também aluno de Hofbauer o jovem Joseph Othmar von Rauscher, futuro Cardeal Arcebispo de Viena. No meio desse grupo devem ser talvez destacados os convertidos. Os convertidos de então eram solicitados, mais do que hoje, a serem convictos espiritualmente.[19]

Os artistas são particularmente sensíveis e acessíveis ao indizível. É por aí que se deve explicar o sucesso dos círculos: pelo fascínio que esse homem "sem senso artístico" por natureza exercia sobre os outros. Os artistas pressentem, melhor que as pessoas "normais", aquela dimensão maior da vida humana que justamente o Josefinismo não queria aceitar: a liberdade do Espírito de Deus que atua onde quer e a força da persistência e dos fatores imensuráveis dos sentimentos humanos que também se manifestavam nos mitos, às vezes no semi-religioso, que também eram o apoio da fé autêntica. Assim atuava Hofbauer com seu estilo de vida natural e descomplicado, justamente no círculo dos românticos de Viena como a água que se despeja numa esponja seca.

Friedrich Klinkowström lembra como ele era "particularmente alegre e de conversa atraente". O jovem Joseph von Eichendorf anotou em seu diário dia 3.2.1812: "... eu estava de noitinha com Schlegel... mais tarde chegou o confessor

---

[19] Cf. Josef Wodka, "Der hl. Klemens Maria Hofbauer", op. cit., p. 126ss.

de Schlegel com outro padre; parecia um general, cheio de fogo, alegre, falando polonês. Deixou disfarçadamente por lá uma torta que depois consumimos com vinho".[20]

O "palácio Karolyche auf der Wieden", semelhante à casa de Schlegel, tornou-se um ponto de reunião para amigos e conhecidos. Aí surgiria um instituto particular de educação para os filhos da alta nobreza, com princípios rigorosamente religiosos, sendo Hofbauer seu diretor espiritual. Foi lá que Hofbauer também se encontrou com Clemente Brentano, em 1813, lançando as primeiras sementes para a futura conversão do poeta Adam Müller, Friedrich Klinkowström, Eichendorf, P. Sabelli e Forthuber, e dando a eles instrução. Pe. Hofbauer saía quase todas as tardes "e ficava nesse círculo – particularmente alegre e de conversa atraente –, o qual não era compreendido ainda em sua verdadeira grandeza de espírito. Todas as conversas visavam a expansão e a exaltação da santa Igreja, a fervorosa prática da fé católica. Ele costumava descansar no chão ou sobre um velho tapete e, ao raiar do dia, já estava de volta para a cidade" (Friedrich Klinkowström).

Para nosso tempo anônimo e incapaz de união, fica a imagem cheia de esperança de uma Igreja que quer dar para os homens um sentimento de pátria numa fé comum. E se nós quiséssemos classificar Pelágio como um tanto conserva-

---

[20] Johannes Hofer, op. cit., p. 36.

dor, isso não importa muito. Que ele não precisava questionar sua fé, foi um dom para ele. Que seus ouvintes, em sua maioria, também não o fizeram, deve ser atribuído à aridez do tempo. Hoje muito se queixa porque, devido à discussão aberta sobre certos problemas que se repetem regularmente, diminuiu aquela intermediação da fé que compromete todos os sentidos e não deixa nenhuma questão em aberto. A isso devemos confessar com lealdade: Nós somos aquilo que somos. Passamos pelo Iluminismo. Questões subjacentes, também no terreno da fé, e dúvidas pessoais devem ser possíveis e permitidas. O que São Clemente pode ensinar-nos é que talvez Deus ainda tenha surpresas preparadas para nós, se lhe dermos a chance de abrir o jogo, se não nos enredarmos na rede de infindáveis discussões racionalistas, nas quais freqüentemente Deus acaba ficando mais à margem.

6. Fé e vida em abundância

Clemente Maria Hofbauer viveu sem descontos e condições sua fé católica, uma "fé em plenitude", que comprometia todos os sentidos num tempo intelectualizado, racionalista e cético. Levava uma vida notória de penitência e oração. Mas assim ele fornecia às pessoas ressequidas pelo Josefinismo a imagem de uma vida religiosa, sem aquele "pode ser que sim, pode ser que não". Particularmente importante para ele era a celebração digna do culto divino. Na Viena Pós-josefinista os cultos na lindamente enfeitada e esplendidamente iluminada igreja de Santa Úrsula, acompanhados com música e canto, logo se tornaram o assunto da cidade, em contraposição com as frias normas econômicas do Iluminismo, que até controlavam por lei o número de velas no altar. Acólitos e estudantes e muitas pessoas fizeram logo do serviço divino em Santa Úrsula um "dos mais solenes de toda a Viena".[21]

Todas essas coisas exteriores não teriam existido, se lá não tivesse existido a pessoa do celebrante. Uma testemunha ocular descreve sua impressão com as seguintes palavras: "Grande e salutar era o poder espiritual que Pe. Hofbauer exercia sobre os ânimos das pessoas com suas palavras e toda a sua pessoa. Ele é quem executava as diversas funções na igreja das Ursulinas, tanto nos dias de semana como nos domingos e dias festivos; celebrava o santo sacrifício, junto do qual os piedosos visitantes daquela igreja, atraídos pela simples mas elevada dignidade do servo de Deus, procuravam chegar o mais perto possível para encontrar um lugar perto do altar. Celebrava de tal maneira – eu, como padre tenho na lembrança – que seguia fielmente as rubricas da missa e não acrescentava nenhuma outra ação externa, além do prescrito...."[22]

---

[21] Cf. Josef Heinzmann, C.Ss.R., op. cit., p. 171s.
[22] Cf. Eduard Hosp, "Kirche Österreichs im 'Vormärz'", op. cit., p. 300.

Assim se pode dizer com toda a razão que todo o trabalho de renovação do santo, sem muita afetação, brotava no altar: missas solenes, bênçãos em geral, procissões, devoções. O altar e a Eucaristia eram o centro; a polícia, plenamente ciente de alguma transgressão, aqui e ali, das normas josefinistas sobre o culto, muito raramente levantou algum protesto sério.

Mas Hofbauer reconhecia também que a confiança e a amizade humana fazem parte do anúncio fidedigno da fé. Quer se tratasse de jovens, sempre os preferidos dele, que noite por noite enchiam sua sala, diante do que ainda encontrava ânimo para murmurar sorrindo consigo mesmo: "Eta! povinho bacana!"; quer se tratasse de pobres das periferias a quem levava pessoalmente alimentos e roupas debaixo de seu largo manto; quer se tratasse de doentes e agonizantes para os quais se preparava rezando o terço; seu cuidado era para o homem todo, abrangendo o corpo e a alma daqueles que lhe foram confiados. O que ele fez em Viena – em outras circunstâncias sociais, mas sempre humanas – pode ser qualificado como um pastoreio bem-sucedido na cidade, embora com todas as exigências especiais de tempo e lugar.

Vida em abundância, conforme a frase de Jesus: "Eu vim para que tenham vida e a tenham em abundância" (Jo 10,10). São Clemente, com sua doação ilimitada, ofereceu a todos – num tempo e numa religião cheios de problemas – uma viva esperança daquilo que o Senhor vai preparar aos que simplesmente o amam... Isso nenhum pároco josefinista, nem de longe, poderia transmitir.

7. O Pe. Abraão redivivo

As ocorrências policiais de 1815 constatam de maneira inequívoca: "... Pe. Hofbauer prega todos os domingos nas Ursulinas... tem uma afluência verdadeiramente espantosa. Pe. Hofbauer é o Pe. Abraão de Santa Clara redivivo; tem um modo incomum de pregar; prega como já se pregou nos tempos do maior fanatismo religioso...". Em conseqüência disso, foi-lhe infligida uma suspensão no mesmo ano, que se repetiu depois de um ano.[23]

O que é que punha o poder do Estado na insegurança? O Josefinismo tinha movido um combate acirrado contra todos os modelos populares de piedade como: romarias, indulgências, culto mariano, culto aos santos e muita coisa mais. Com isso também uma grande parte dos temas correspondentes ficou inaproveitada. Em seu lugar entrou a instrução do povo através de verdades da fé que se prestavam para um tratamento racional e lógico. A pregação devia servir para a educação das pessoas, formá-las para serem cidadãos úteis; a moral ficava no centro e a pregação sobre a fé foi reprimida.

Assim a pregação virou pura aula de ciência. Os púlpitos foram profanados pelo tratamento – importante certamente, mas fora do lugar – de questões agrícolas, a partir do res-

---

[23] Johannes Hofer, op. cit., p. 31.

pectivo evangelho dominical. A maioria das paróquias tinha anexado a si uma propriedade rural; por isso o pároco devia entender alguma coisa disso; quando, por exemplo, o evangelho era sobre o filho pródigo, a pregação devia ocupar-se da suinocultura e, ligada a ela, a técnica da preparação do "choucroute". Se também a classe média sacerdotal não se atrevia a subir a tais "alturas", então ficava muito ruim falar no púlpito sobre a "providência" em vez de revelar para os ouvintes a beleza e a natureza mais profunda da Igreja.[24]

Por aí se vê como as pregações daquele tempo, no melhor dos casos, eram enfadonhos discursos de púlpito, que nem pelo seguinte ficavam melhores: Em conseqüência da ascensão da poesia alemã por volta de 1800, as obras dos clássicos refletiam-se novamente nos púlpitos. Até na catedral de Santo Estevão, o então pregador oficial Mons. Kühln elaborava sermões poéticos com conteúdo mais espiritualmente belo do que teológico.

Nesse pano de fundo, a exigência de Hofbauer por um "Evangelho que deve ser pregado de um modo novo" era como um safanão que acordava os ouvintes sonolentos. O quanto era conseqüente essa exigência foi demonstrado pela adesão imediata e avassaladora dos ouvintes a um pregador que, como relata a tradição, sem talento retórico especial, com perceptível acento estrangeiro, usando e repetindo ex-

---

[24] Cf. Eduard Hosp, op. cit., p. 154.

pressões fortes e procurando a expressão exata, não deixava perceber em suas pregações nenhuma montagem sistemática de oratória; mas que, como indubitavelmente se podia constatar, sublinhou com toda a sua vida o que disse. Não se conservou diretamente nenhum material referente às pregações do santo, apenas frases marcantes que, andando de boca em boca, entraram para a História.

Ele se preparava com a oração para cada pregação. Não discorria sobre a utilidade da vacina obrigatória ou coisas assim, mas evidentemente sobre o conhecimento de Deus. Introduzia a revelação divina no tempo novo. Quando, por exemplo, falava da encarnação de Jesus, dizia: "Ele tomou nossa carne (depois juntando as mãos), sim ele tomou esta nossa carne!". E o povo percebia: Aqui fala alguém, a quem a fé se tornou vida. Era tanta vida que não achava necessário fazer preparação imediata quando, o que ia falar, já o ocupava continuamente. Daí podia até acontecer o que aconteceu uma vez quando exclamou (no meio do sermão): "Exatamente! Lembrei-me ainda de uma coisa" – e passou para um novo tema. Daí se deduz como devia ser a montagem de suas pregações, pois não obedeciam a um sistema rígido. Sua pregação não seguia um padrão decorado, mas saía do fundo do coração, era totalmente viva. Até Dorotéia Schlegel pediu-lhe ocasionalmente que empregasse mais cuidado na elaboração sistemática de seus sermões, ao que ele respondeu: "Quem quiser ouvir palavras bonitas, vá para outro lugar". De resto, como ele mesmo opinou uma vez, falaria para o povo costumeiro, e seu amigo Pe. Zacarias Werner, para os assim chamados "graúdos".[25]

Ele tinha simplesmente outra noção sobre pregação, mas nunca estava despreparado. Se em São Beno acostumou-se a falar de improviso, agora em Viena fazia ler, já no início da semana, a Epístola e o Evangelho do próximo domingo e meditava seu tema no correr da semana, ao fazer as caminhadas inerentes ao ofício, às vezes solitárias, às vezes cansativas. E somente depois de um curto e imediato recolhimento antes da pregação, é que subia ao púlpito. E porque já havia carregado consigo a Palavra de Deus durante a semana, podia agora – como Pe. Rinn observou – transmiti-la de maneira arrebatadora e com unção sobrenatural; até os homens mais eruditos ficavam tão comovidos que afirmavam bastar uma palavra de sua boca para passar toda a semana.[26]

Os assim chamados intelectuais percebiam facilmente que aqui falava quem não mastigava quaisquer figuras de retórica, mas falava do fundo de seu coração. E quando Pe. Hofbauer justamente naquele tempo discorria sobre o grande mistério da Igreja, sobre o papa e a fidelidade para com Roma, transmitia a seus ouvintes um conceito claro sobre a comunidade universal da Igreja, muito antes de se generalizar esse conceito.

O Cardeal Rauscher, que o escutou quando estudante, testemunhou fielmente: "Era admirável como pregador. Nunca estudou oratória. Faltava-lhe elegância

---

[25] Cf. Hosp, Biographie, op. cit., p. 162s.
[26] Cf. Hosp, Biographie, op. cit., p. 168.

na exposição. Seguramente nunca leu nada dos cultores profanos da língua alemã. Não dominava perfeitamente a língua dos ouvintes, mas se mostrava aluno daquele que falava, como um que tem poder. Jamais ouvira um orador cujas palavras visavam tão vigorosamente o único fim necessário".[27]

Assim Hofbauer, que levantou sua voz durante 12 anos em diversos lugares de Viena, introduziu uma verdadeira renovação na pregação. De sua escola saíram o bem formado Dr. Madlener e o judeu convertido Dr. Veith, o mais celebrado orador do Biedermeier; e após a morte de Hofbauer e Zacarias Werner, reuniu-se ao redor deles um número crescente de bons pregadores, que passaram seus anos de aprendizagem homilética no ambiente de São Clemente. Hosp o denomina com razão "Apóstolo da pregação".

8. Um homem em diálogo com Deus

Conta-se que Clemente Maria andava habitualmente com os olhos semi-cerrados e que assim seus melhores amigos nunca puderam dizer que cor eles tinham. Um de seus admiradores póstumos, o pintor Philipp Veit, achava

[27] Hosp, op. cit., p. 168.

difícil reproduzir a expressão de seus olhos, pois pensava ele: "Pe. Hofbauer olha sempre para baixo".[28] Esse seu recolhimento tornou-se pregação e exemplo. No diálogo ininterrupto com o Senhor, sua alma andava mais ocupada em olhar com os olhos da fé as coisas que não passam do que contemplar o mundo passageiro com os olhos do corpo. Portanto ou por isso mesmo, ele vivia com os pés no meio do mundo. A convivência íntima com o Senhor dava-lhe um coração atento a todos os dons necessários para sua missão, que nasciam dessa convivência íntima. Assim São Clemente tornou-se um "místico da ação". Suas repetidas tentativas de viver na solidão totalmente unido com Deus, só no primeiro momento, pareciam estar em contradição com seu tipo de vida, dinâmico e impulsivo. Ele tinha realmente orientado sua vida para se expandir entre a ação e a contemplação *(actio et contemplatio)*. Por isso era-lhe também possível viver em ambiente quase sem privacidade. Pe. Bartolomeu Pajalich, um de seus amigos íntimos, relatou: "Hofbauer levava uma vida muito ativa em Viena. Tinha um único quarto que estava aberto para todos. Criou em seu coração um deserto, uma cela, um pequeno oratório. Ele se retirava à vontade e em qualquer tempo para essa solidão do coração, onde gostaria de estar

---

[28] Georg Freund, C.Ss.R., *Der Hl. Klemens Maria Hofbauer – eine Lebensskizze*, Regensburg 1909, p. 99.

sempre. Quando caminhava também pelas ruas movimentadas de Viena, mergulhava-se em si mesmo".[29] Somente a morte encerrou a atividade de Clemente Maria em Viena. A velha catedral de Santo Estevão mal pôde conter a multidão que acorreu para suas exéquias. Um pouco depois de um mês, em abril de 1820, a Congregação dos redentoristas foi oficialmente reconhecida na Áustria e entregue a eles a igreja de Santa Maria am Gestade, em virtude de uma decisão imperial. Por ocasião de sua canonização pelo Papa Pio X em 1909, na torre norte da igreja foi levantada uma grande estátua imorredoura do novo santo, executada pelo escultor Ludwig Schadler, situada bem perto de São Pedro Canísio, SJ.

Estou chegando ao fim. O que as pessoas esperam, ontem como hoje, da Igreja e de modo especial de seus padres? Elas esperam, então como hoje, o que o Concílio formulou tão acertadamente: Uma resposta para as questões insolúveis da vida: De onde eu vim? Para onde eu vou? Que sentido tem minha vida? Não é difícil também para nós hoje concluir que as pessoas de então confiaram na resposta de um Pe. Hofbauer para essas questões do que na dos párocos funcionários do Josefinismo, sem sangue nas veias.

---

[29] Cf. Bartholomäeus Pajalich, *Leben des P. Hofbauer*, MS no arquivo provincial de Viena.

Alois Kraxner

O *Eros* pastoral de São Clemente

1. O *eros* pastoral – o zelo apostólico é indubitavelmente a marca da vida e da atuação de São Clemente

Numa carta à condessa Grocholski (1818) ele mesmo fala de seu "zelo incurável".

As novas Constituições dos redentoristas também caracterizam de maneira semelhante sua atividade pastoral. "Foi especialmente devido à atuação incansável de São Clemente Maria Hofbauer († 1820), um homem de firmeza admirável de fé e constância invencível, que a Congregação foi transplantada para além dos Alpes, onde encontrou novos campos para seu zelo apostólico."

Clemente foi feito para a vida missionária. O "eros" pastoral – zelo apostólico – é a marca fundamental de sua vida e atuação. Esse zelo se manifesta de diversas maneiras nas diversas fases e situações de sua vida. Seria interessante responder detalhadamente à pergunta de como esse zelo pastoral se manifestou nele:

- em sua infância;
- quando aprendiz de padeiro em Znaim;
- em Klosterbruck;
- em suas caminhadas de peregrino;
- como eremita;
- como estudante de Teologia em Viena;
- como redentorista em Varsóvia e Viena.

Não somente sua atividade pastoral e a constante preocupação em fundar uma casa para a formação de colaboradores, como também sua atuação político-eclesiástica, nascem de seu zelo pastoral. Esse zelo pastoral é ininterrupto. Não se deixa abater pelas adversidades:

- pelas perseguições;
- pelos revezes e derrotas;
- pelas doenças e depressões;
- pelas sujeições.

Essas experiências podem fazê-lo abater-se por certo tempo. Mas passada a depressão, esse zelo apostólico revive, cresce de dentro para fora.

Pode-se dizer: O zelo apostólico é seu carisma. É estimulado e impelido pelo Espírito Santo. Levar o Evangelho às pessoas não é para ele um encargo imposto de fora, mas uma necessidade interna.

2. Motivos concretos de seu zelo pastoral

Conhecemos muito melhor as motivações de seu zelo pastoral através de cartas e de seus relatórios. Ele mesmo escreve sobre os motivos que o movem para o trabalho apostólico. São estes:

• Compaixão do rebanho sem pastores

Clemente está preocupado com a salvação das almas. Numa carta ao Pe. Geral (1793) ele escreve: "Lembre-se antes de tudo daquelas almas que nestas regiões, em número incrível, tornam-se presas do inferno. Creio que a libertinagem não exerce tanto seu domínio em lugar nenhum como aqui. Esse mal domina quase todos os corações, desde o sacerdote até o mendigo mais pobre, e não existe nenhuma esperança de melhora. Nessa situação de medo temos só de rezar para que o Senhor não retire o castiçal".[1]

Numa carta ao Pe. Giattini (1816), descreve a situação pastoral na Romênia: "A vinha do Senhor está abandonada e descuidada há muitos anos e encontra-se numa situação lamentável. Não só não produz fruto algum, mas também se ouve dizer entre os católicos que há gente nossa passando para os cismáticos. Os jovens até os 18 anos não sabem a

---

[1] Klemens Maria Hofbauer, *Briefe und Berichte*, p. 9.

que religião pertencem; não têm catequese e nem escola. O povo está entregue à própria ruína, sob qualquer aspecto, tão amontoado como gado, e alvo de riso para os vizinhos. O que poderá acontecer".[2]

Numa carta a Sofia Schlosser (1817), lamenta a ignorância religiosa em Bucareste: "Esta cidade virou um lugar de refúgio de todos os abandonados, de todos os povos, um mato selvagem, onde circulam todos os animais, ignorando completamente o negócio da salvação. Vive-se descuidado, despreocupado, sem saber a que Igreja se pertence, sem saber de nada a não ser gastar nas festas o que se ganha".[3]

• Cuidados com a Igreja em dificuldade

Clemente Maria Hofbauer vê a Igreja ameaçada por fora pela usurpação do poder estatal e pelos livres pensadores. Assim ele atesta numa carta ao Pe. Antônio Tannoia (1801): "Vivemos em grandes aflições, e não somente nós, mas todos os religiosos. Os livres pensadores apoderaram-se do governo e começaram a molestar de todos os modos a vida do clero católico. Na verdade, não se proíbe diretamente o exercício da religião; mas as maquinações funcionam de tal maneira que, vai indo, ela se apaga por si mesma. Vivemos aqui sob pesada pressão em cima da Igreja... Estamos gemendo

[2] Idem, p. 61.
[3] Ibidem, p. 193.

debaixo de mão poderosa. O governo formou o assim chamado 'conselho eclesiástico', mas não há um só católico entre os membros do Conselho. O presidente desse colégio não é luterano, nem calvinista e nem zwingliano; não é nem cristão, mas um sujeito abjeto e o mais acerbo inimigo dos conventos; esse mesmo homem é quem dá ordens aos bispos e a todo o clero e ainda resolve sobre questões eclesiásticas... Veja quão afrontosamente se trata o sacerdócio real! Ainda por cima, esta cidade está cheia de livres pensadores; portanto, deve-se atribuir a um constante milagre divino o fato de o povo comum seguir em grande parte o exemplo de seus antepassados, perseverar no Bem e sempre demonstrar fome cada vez maior pela palavra divina que procuramos alimentar ao menos com a pregação".[4]

Mas Clemente vê a Igreja ameaçada também em seu interior pelos erros na Teologia. Isso é testemunhado numa carta ao Núncio Severoli (1806): "Como eu poderia ficar indiferente quando contemplo o triste estado em que a religião se encontra na Alemanha, na França, infelizmente em toda a Europa; tudo conspira contra a santa Igreja Católica. Em nossas regiões aparecem sempre livros novos que não mais usam máscaras. Assim apareceu recentemente um livro que trata do mistério augusto de nossa Redenção, mas usando totalmente expressões

---

[4] Ibidem, p. 69s.

disparatadas! Vai tão longe, a ponto de dizer que o anjo Gabriel que apareceu para a Santíssima Virgem foi um jovem rabino. Daí se desencadeou uma corrente de ficções. É assim que se trata o mistério da Encarnação. Os autores desses livros blasfemos são sacerdotes. Os vigários gerais de algumas dioceses, os diretores e professores dos Seminários e Colégios são seus adeptos. Que alunos estão sendo formados por esses professores! Os religiosos de nossa região estão apavorados ao pensar nos auxiliares e sucessores que serão dados para eles".[5]

• A responsabilidade pastoral

Um outro motivo em favor do zelo pastoral de Hofbauer é a consciência da responsabilidade pastoral. Assim escreve ao Cardeal Litta (1817): "Não devemos temer ser acusados perante o trono do Juiz divino por essas almas que se perderam se, por nossa indiferença ou negligência, não lhes foram dados os meios necessários para a salvação?"[6]

"A dor ao ver que muitas almas preciosas se perdem por absoluta falta de qualquer auxílio; o medo de ser julgado culpado perante Deus, se eu, por qualquer motivo, sou cúmplice de sua perdição; e a profunda convicção fundada em longa experiência

[5] Ibidem, p. 110.
[6] Ibidem, p. 128.

que – se se negligencia o meio proposto – nenhum outro pode ser apresentado; e o mal, já incurável, torna-se ainda maior: esses são os motivos que me levam a pedir humildemente a V. Em.ª a graça de obter o que peço para que possa tranqüilizar meu coração profundamente aflito e perturbado."

• A honra de Deus, o bem da Igreja, a salvação das almas

Do lado positivo três motivos animam São Clemente: a glória de Deus, o bem da Igreja e a salvação das almas. Isso é atestado na carta ao Núncio Severoli (1803): "Declaro perante Deus e V. Ex.ª que eu, com meus confrades, não receio nenhum cansaço e nenhum esforço quando se trata de trabalhar pela glória de Deus, pelo crescimento da Igreja e pela salvação das almas. Mas preciso de um espaço físico onde possa reunir operários e prepará-los para o trabalho apostólico. Desejo e quero ardentemente me sacrificar todo inteiro por nosso Redentor Jesus Cristo e pelas almas remidas com seu santíssimo sangue. Pois, eu vejo que a situação do povo cristão vai piorando sempre mais e justamente porque se de um lado o número de obreiros diminui constantemente, por outro os próprios obreiros se transformam às vezes em destruidores do rebanho de Cristo.

Eu não busco minha própria vantagem. Se a buscasse, aonde poderia levar uma vida mais cômoda do que em Varsóvia, no meio de meus confrades, cujos trabalhos eu poderia acompanhar na tranqüilidade e com eles me alegrar no descanso? Lá eu não teria necessidade de me desgastar, em minha idade avançada, pela fome, pelos cuidados e preocupações, pelo cansaço, pelas viagens penosas e as inclemências do tempo. Longe de mim buscar minha comodidade. A glória de Deus, o bem da Igreja e a salvação das almas, agora tão ameaçados por toda a parte, é nisso tudo que estou empenhado. Por isso, rogo incessantemente ao Rei Celestial que queira dirigir o coração daqueles a quem deu o poder de estimular o que pode manter e aumentar a glória de Deus entre os mortais, promover o bem da Igreja e ser útil para a salvação das almas".[7]

São Clemente menciona os mesmos motivos também na carta ao Pe. Geral (1796): "Eu lhe agradeço especialmente a admoestação paterna, pedindo para eu refrear meu zelo na difusão da Congregação e dar espaço à paciência e à generosidade. Eu só acrescento – com a veneração e o respeito devidos de filho – o seguinte: Posso assegurar que sou impelido a ficar mais tempo em Varsóvia não tanto pelo empenho em difundir a Congregação, nem também (o que seria pior e indigno de um operário evangélico) pelo amor à pátria, senão única e exclusivamente (como creio com certeza) pelo aumento da glória de Deus, pela difusão da Igreja e – enquanto a fragilidade humana permite – pelo aumento de novos membros e pela salvação das almas que em toda a parte está cada vez mais em perigo".[8]

[7] Ibidem, p. 107.
[8] Ibidem, p. 22.

3. Motivos que ainda hoje são válidos

Nem todos os motivos que moveram São Clemente para ser apostolicamente ativo são igualmente válidos para nós em nossa situação atual. A Teologia e a situação eclesial e social sofreram mudanças. Assim, por exemplo, diminuiu aquela angústia de que muitos se tornam presas do inferno. Nós acreditamos hoje que a economia salvífica e universal de Deus é eficaz e que há muitos caminhos para o reino do céu. Do mesmo modo, o julgamento das outras igrejas cristãs mudou com o ecumenismo. Devemos também tomar consciência de que temos de viver num mundo ideológica e religiosamente pluralista; que não temos nenhuma influência em muitos processos; que prevalece o princípio: Igreja livre num Estado livre com todas as conseqüências.

Mas ficam ainda muitos motivos que encontramos em São Clemente e que são citados também nas Constituições dos redentoristas:

– A convicção de que é fundamentalmente bom levar o Evangelho ao povo.

– A compaixão para com o rebanho sem pastores; para com pessoas desorientadas, entregues desamparadamente a correntes diversas e que seguem caminhos do erro.

– O sofrimento por uma Igreja que não faz justiça a sua missão e identidade.

– A responsabilidade apostólica.

Em Clemente são válidos estes motivos: a glória de Deus, a salvação das almas e o bem da Igreja. Brotam do amor a Deus, ao povo e à Igreja.

Segundo as novas Constituições o amor apostólico e pastoral constitui o motivo fundamental para o zelo pastoral: "A caridade apostólica, pela qual os redentoristas participam da missão de Cristo Redentor, é princípio de unidade de toda a sua vida. Com efeito, por ela, de alguma forma eles se tornam um com Cristo que, por meio deles, continua a fazer a vontade do Pai, levando avante a redenção dos homens.

A glória de Deus e a salvação do mundo, o amor para com Deus e para com os homens são um só coisa. Por isso os membros vivem a união com Deus sob a forma da caridade apostólica e promovem a glorificação de Deus através da caridade missionária".[9]

[9] Const., n. 52.

A imagem de Hofbauer em mudança

Todo o nosso conhecimento é perspectivista. Depende de nossa sentimentalidade, dos "óculos" que usamos na visão das coisas e das pessoas. Isso vale para as pessoas vivas ou falecidas e também para os santos. Essa mudança da visão, do ponto de vista ou da perspectiva das pessoas, vale também para os tempos que vão mudando ao longo da história. Cada pessoa vê no passado, primeiramente, o que lhe interessa, o que mais a tocou, o que tem referência com o presente.

Tudo bem. Mais ainda: Realidade e interpretação estão sempre relacionadas uma com a outra. A realidade que nós captamos já é uma realidade interpretada; só a realidade interpretada, que não permanece simples "faticidade", constitui toda a realidade.

Na verdade fica sempre o perigo da interpretação falsa; o perigo de usar mal e desfigurar figuras do passado para servir nossos objetivos; de transpor para o passado problemas, ideologias, reivindicações do presente; descobrir tradições onde não existem.

Quisemos trazer essas breves considerações preliminares para podermos expor alguns pensamentos sobre a imagem de Hofbauer nas mudanças da história e sobre as diversas perspectivas debaixo das quais Hofbauer foi e ainda está sendo visto ao longo dos anos. Queremos colocar debaixo da lupa as diversas idéias e imagens que foram feitas dele. Contudo, não queremos darnos por satisfeitos com a simples enumeração de possíveis mudanças nas perspectivas e interpretações da figura de Hofbauer. Muito mais, queremos perguntar que pressupostos, que paradigmas, mas também que "clichês" e preconceitos geraram esses juízos. Trata-se de interpretações que marcam fielmente a pessoa de Hofbauer em sua essência ou de interpretações falsas que desfiguram sua imagem?

Feita essa introdução, queremos focalizar, como foram vistos ao longo da história, três aspectos da vida de São Clemente Maria Hofbauer: Hofbauer e os pobres; Hofbauer e o Iluminismo; Hofbauer e os românticos.

1. Hofbauer e os pobres

Uma primeira interpretação. Numa nota biográfica publicada sete anos após a morte de Hofbauer, é narrado um único episódio de sua vida: Hofbauer estava numa taberna recolhendo esmolas para os pobres. Quando um deles cuspiu-lhe no rosto, Hofbauer deve ter respondido:

"O senhor foi tão bom em me dar o que mereço, eu lhe agradeço; mas agora peço uma esmola para os pobres"; ao que o ofensor, profundamente envergonhado, presenteou-o com uma rica oferta.[1] Todos nós conhecemos essa história. Nenhum biógrafo deixou de contá-la, começando por Friedrich Pösl,[2] que em 1843 escreveu a primeira biografia de Hofbauer. É interessante, porém, o que Pe. Pösl, discípulo de Döllinger, professor de Direito Canônico em Passau, antes de entrar no convento, notável hagiógrafo[3] com muitas publicações, acrescenta a essa história. Pösl escreve que se trata de uma história "que também é mencionada de modo semelhante na vida de outros homens inspirados por Deus".[4]

---

[1] Joahnn Emanuel Veith und Johann Peter Silbert, *Der Bothe von Jericho*, Erstes Bändchen, Wien, 1828, p. 128s.

[2] Friedrich von Pösl (1806-1876) nasceu em Landshut, filho de um alto funcionário do governo bávaro, doutor em Teologia, ordenado em 1829, redentorista em 1837, Mestre de noviços, Superior e escritor religioso de 1841-1848 em Altöting, depois em Pittsburgo (E.U.A.), e na Alemanha do Norte desde 1851. Otto Weiss, *Die Redemptoristen in Bayern*, passim; (Alois Krebs), Pösl em *Kurze Lebensbilder der verstorbenen Redemptoristen der Ordensprovinz von Niederdeutschland*, Dülmen 1896, p. 55-60; ADB XXVI, 459.

[3] Pösl editou só os folhetins redigidos por ele para instrução e edificação dos cristãos católicos durante dois anos (1842-1843) e publicou várias vidas de santos. Delas, ressaltou que não eram somente lendas poéticas, mas se apoiavam sobre "o chão seguro da igreja". Cf. *Katholischer Hausfreund* (Regensburg) 3 (1848), p. 946.

[4] Friedrich Pösl, *Clemens Maria Hofbauer, der erste deutsche Redemptorist, in seinem Leben und Wirken*. Junto, dois cantos de seu amigo Flu.

O que significa isso? Queremos dizer com isso que se trata de uma simples invenção ou até de uma falsificação? Eu creio que o caso é o contrário: Certamente, Pösl queria dizer que temos diante de nós uma sublimação, uma tipificação hagiográfica.

Mas justamente essas tipificações servem aos hagiógrafos para colocar, como que num foco de luz, o traço essencial de um santo e ressaltar uma verdade que é muito mais que uma simples "faticidade". Um traço essencial que brilha em Hofbauer, aliás encontrado em seus biógrafos – que se poderia qualificar como traço essencial dos redentoristas –, é o amor sacrificado de Hofbauer pelos pobres, pelos despejados e ameaçados, pelos que vivem à margem da sociedade, por aqueles que não se entendem, nem consigo e nem com seus semelhantes.

Percorramos o tópico "Hofbauer e os pobres" nas palavras de seus biógrafos, começando por Friedrich Pösl. Ele escreve: "Seu círculo mais brilhante, sua glória mais nobre eram os pobres, estes seres simples e obscuros. Ele amava de coração os pobres (...) e quando elogiava alguém, era sempre os pobres quem ele elogiava".[5]

Sebastian Brunner,[6] seu segundo biógrafo, também segue esse modelo. Ele escreve em 1858: "Ele amava em

---

[5] Id. 104; cf. Id. 120 e outras.

[6] Sebastian Brunner (1814-1893), sacerdote católico e publicitário, vale como modelo primitivo das "antigüidades vienenses", influenciado por Günther, Veith e Görres, adversário encarniçado do "Josefinismo", do Iluminismo e do Liberalismo, bem cedo viu a questão social como

cada pessoa a criatura feita à semelhança de Deus – este amor manifestava-se nele através de donativos que ele distribuía 'dia e noite'. Gostava de dar tanto o pão para o corpo, como o alimento do espírito para a vida eterna... Os pobres eram sua alegria. Isto ele dizia, não com palavras vazias, mas testemunhou com ações durante toda a vida..."[7] Estranhamente, esses depoimentos centrais passam para o segundo plano por algum tempo. Nós os reencontramos em 1905 na biografia do Pe. Georg Freund.[8] Ele acentuava, como já Pösl e Brunner, "o amor de Hofbauer para com os pobres".

tarefa da Igreja, embora ultramontano crítico do primado papal, por influência de Josef Scheicher e Albert Maria Weiss. Josef Scheicher, um capítulo da época contemporânea da Áustria e da História Eclesiástica, segunda edição da dissertação jubilar "Sebastian Brunner", Würzburgo, Wien, 1890; Karl Ammeri, Sebastian Brunner e seu lugar de publicista na Revista Eclesiástica de Viena. Dissert., Wien, 1934. Deseja-se uma biografia moderna de Brunner.

[7] Sebastian Brunner, *Clemens Maria Hofbauer und seine Zeit. Miniaturen zur Kirchengeschichte von 1780 bis 1820*, Wien, 1858, 171, 201s.

[8] Georg Freund (1849-1916) nasceu em Peterskirchen (Oberösterreich), faleceu em Viena; de 1880 a 1884 foi professor de Teologia Moral em Mautern; de 1880 a 1893, Reitor do convento de Maria Stiegen em Viena; teve estreitos contatos com o Núncio Luigi Galimberti (1836-1896); missionário popular e cura espiritual dos operários; apologista popular; apoiou ativamente o movimento sociocristão. Karl Lüger (1844-1910) o apreciou como representante de uma "valente Igreja militante". Johannes Polifka, P. Georg Freund. *Ein Mann der Tat*, Wien, 1907.

Na frase do Capitular da Catedral Laurenz Greif,[9] testemunha do processo de beatificação: "O que ele tinha, ele dava, esta foi sua vida", vemos perfeitamente o traço essencial de Hofbauer, como no testemunho de Johann Emanuel Veith:[10] "Ele se ocupava com os pobres como a mãe que cuida de seus filhos".[11]

[9] Laurenz Greif (1784-1866) nasceu em Biberach/Riss, faleceu em Viena, cônego honorífico de Salzburg, membro principesco do Conselho de Schwarzenberg, veio para Viena em 1811, penitente de Clemente Hofbauer de 1814 a 1820, preceptor do futuro Cardeal de Schwarzenberg, a quem ele aplainou o caminho para o sacerdócio, amigo íntimo de Anton Günther e Emanuel Veith, Georg Freund. Cf. Paul Wenzel, *Das wissenschaftliche Anliegen des Güntherianus*, Essen-Heidelberg 1961, p. 50s.; Eduard und Maria Winter, pregador oficial da catedral Johann Emanuel Veith und Kardinal Schwarzenberg. *Der Güntherprozess in unveröffentlichen Briefen und Akten*, Wien, 1972, 9, 21, 135.

[10] Johann Emanuel Veith (1788-1876), oriundo de família judaica, Dr. med.; de 1816 a 1821 foi Diretor do Instituto Veterinário de Viena; convertido em 1816, uniu-se estreitamente com Hofbauer; em 1821, sacerdote; redentorista de 1821 a 1830; pregador oficial da catedral desde 1831 em Viena, amigo de Anton Günther, em 1848 fundou a associação católica de Viena, compôs numerosas obras sobre Medicina, Beletrística, Filosofia, Exegese e Homilias. – Johann Heinrich Löwe, J. E. Veith, Wien 1879; Karl Pleyer, J. E. Veith und sein Kreis, Wien 1934; E. u. M. Winter, pregador da catedral J. E. Veith (como a nota de rodapé nove); Otto Weiss, Veith, no *Dictionnaire de la Spiritualité* 16 (1994), p. 350-353. Id., Veith em *Biographisch-bibliografisches Kirchenlexikon* 12 (1997), 1194-1204 (Literatur). Sobre isso Anton Günther diz que "Veith tinha grande valor para Hofbauer". Peter Knoodt, Anton Günther. *Eine Biographie*, Wien, 1881, 1, 113s.

[11] Georg Freund, *Der selige Clemens Maria Hofbauer. Gedrängte und übersichtliche Darstellung seines Lebenslaufes*, Wien, 1905, 154s.

166

Junto com o cuidado pelos pobres – também isso é um recuo para a biografia de Pösl –, Freund fala do carisma de Hofbauer como confessor e diretor de almas e seu cuidado pelos enfermos.[12]

Semelhante a Freund, também o jesuíta Moritz Meschler[13] salienta em 1910 a cura das almas e o cuidado do santo pelos "pobres, enfermos e agonizantes".[14]

Em 1920 Heinrich Swoboda,[15] pastoralista vienense e cura espiritual da grande cidade, acentuou que nenhum santo canonizado nos últimos decênios convenceu-se tanto como Hofbauer de que corpo e alma se relacionam mutuamente. Ele foi sempre cura da alma e do corpo ao mesmo tempo ou, como diríamos hoje, cuidou da vida.[16]

Contudo, embora a maioria dos outros biógrafos não tenha esquecido esse traço essencial de Hofbauer, nós o encontramos novamente, tão certo e como testemunho central,

---

[12] Id., p. 143-153.

[13] Sobre Moritz Meschler (1830-1912), cf. Josef Bill em *LThK* 37 (1998), p. 154.

[14] Moritz Meschler, *Clemens Maria Hofbauer, um santo atual*, separata de *"Stimmen aus Maria Laach"* 88 (1910), 13s.

[15] Heinrich Swoboda (1861-1923) de Viena, historiador das Artes, catequista e teólogo pastoralista. Obra principal *Grosstadtseelsorge* (Regensburg 1909). Organizou uma nova divisão das paróquias vienenses. Ekkart Sauser, em *Biographisch-bibliographisches Kirchenlexikon* 11 (1996), p. 309-312; Markus Lehner, em *LThK* 39 (2000), p. 1151.

[16] Heinrich Swoboda, "Der Heilige Klemens Maria als Seelsorger", em *Festschrift und Festbericht der Jahrhundertfeier des heiligen Klemens Maria Hofbauer*, Edit. von der Wiener Redemptoristenprovinz, Wien 1920, p. 17-23.

em Josef Heinzmann, que diz de Hofbauer: "Dentro dessa casca dura, Deus colocou um grande coração. Os pequenos e os pobres, os abandonados e os desanimados encontravam nele um amigo desinteressado".[17]

Na descrição de Heinzmann, o pastoralista Hofbauer é aquele que leva a sério cada pessoa, que tem um coração imenso e solidário com os pobres, os doentes graves e agonizantes, com as pessoas que, desiludidas da Igreja, não querem mais saber de padre, com as pessoas que se desesperaram na vida. É com todos eles que o simples e o humilde confessor Hofbauer se ocupa. Também no inverno mais frio, ele sai às três da madrugada e vai até os Mechiaristas, na periferia de Viena, onde ele fica assentado durante três horas no confessionário. De lá ele se dirige para a igreja das Irmãs Ursulinas. Logo seu confessionário fica assediado pelos penitentes. Quando vai para casa, já tem gente o aguardando para nele derramar o coração.[18]

Quando lemos a descrição de tudo isso em Heinzmann, vem imediatamente o pensamento: Há uma volta para as origens. Mesmo a linguagem do Pe. Heinzmann faz lembrar o Pe. Pösl. Eu penso que ambos estão ligados por um parentesco espiritual com Hofbauer, que os faz traçar a figura "genuína" de Hofbauer.

---

[17] Josef Heinzmann, *Das Evangelium neu verkünden, Klemens Maria Hofbauer*, Freiburg/Schweiz, 1986, p. 8.

[18] Id., p. 161-177.

Transparece de todos os autores citados – e isso me parece decisivo – que as circunstâncias de tempo favorecem realmente essa perspectiva, essa interpretação sobre Hofbauer.

Os anos de 1840 até 1860 foram marcados pela industrialização iniciante. Nas grandes cidades estava formando-se o primeiro proletariado. Os filhos dos lavradores que iam nascendo e os empregados deslocavam-se para as grandes cidades.[19] Gente de toda a monarquia[20] vinha para Viena, como mostra o ano da revolução em 1848.

Nesse ano, Sebastião Brunner, em Viena, foi um dos poucos católicos que compreenderam os protestos dos trabalhadores nos bairros da capital. Escreveu em seus "Pensamentos noturnos de um defensor do povo" (*Nachtgedanken eines Volkswehrmannes*): "Quanto mais egoísta, descaridoso e duro for o rico, tanto mais egoísta, descaridoso e duro torna-se o pobre; e ai dos proprietários sem religião quando um dia aqui na terra os proletários sem crença se levantarem contra eles em juízo".[21] Sebastião Brunner, antes capelão em Viena-Altlerchenfeld, era filho de um negociante de seda em Vie-

---

[19] Cf. zu München: Fintan Michael Phayer, *Religion und gewöhnliches Volk in Bayern in der Zeit von 1750-1850* (miscelânea Bavarica Monacensia, 21), München, 1970.

[20] Cf. W. G. Dunder, *Denkschrift über die Wiener October-Revolution. Ausfürliche Darstellung aller Ereignisse*, Wien, 1849, p. 903-908.

[21] Sebastian Brunner, "Nachtgedanken eines Volksvehrmannes", em *Wiener Kirchenzeitung* 1 (1848), p. 264-266, 273s., 277s., 281s., 311s., 341s., 349s., 353s., 373s.

na-Schottenfeld e conviveu bem de perto, desde a primeira juventude, com a carência dos pobres operários.[22] E como com Brunner, não é de se admirar que o Pe. Georg Freund acentue o engajamento de Hofbauer em favor dos pobres e despejados. Como outros redentoristas austríacos – os padres Heidenreich,[23] Bauchinger,[24] Rössler[25] –, ele estava na

[22] Cf. Sebastian Brunner, *Woher? Wohin? Geschichten, Gedanken, Bilder und Leute aus meinem Leben*, 2 volumes, Wien 1855; *Woher? Wohin? Geschichten, Gedanken, Bilder und Leute aus meinem Leben. Zweite, sehr vermehrte Auflage*, Regensburg 1865, passim. Consultar as duas edições.

[23] Josef Heidenreich (1846-1907), músico prendado e excelente pregador, conquistou muitos merecimentos por seu engajamento social e como diretor-fundador do convento no bairro operário de Viena, Hernals, onde dirigiu a construção da igreja de Nossa Senhora. Para não alimentar mais falações malévolas a respeito de captação de heranças em favor da Congregação, ele a deixou e encontrou na pessoa de Dom Rössler um bispo benévolo em St. Pöltener. Österr. *Biographisches Lexikon*, Edit. von der Österr. Akademie der Wissenschaften, vol. 2, Wien [2]1993, 16; Josef Scheicher, *Arme Brüder, ein Stück Zeit- und Kirchengeschichte*, Stuttgart 1913.

[24] Matthias Bauchinger (1851-1934); em 1870, redentorista; em 1874, sacerdote; de 1880 a 1889, professor de Filosofia e ciências naturais em Mautern, depois pregador. Contudo, seu interesse principal voltava-se para a política social-cristã; enfim, isso o levou a pedir dispensa dos votos religiosos; ficou pároco em Pöchlarn, depois, deputado pelo império e prelado doméstico do Papa. Sua biografia *Der Selige Clemens M. Hofbauer. Ein Lebensbild*, Wien, 1889, apreciada como verdadeiro livro popular, até 1928 alcançou sete edições. Sobre ele Erich Rabi, *Matthäus Bauchinger (1851-1934). Vom Redemptoristenpater zum christlichen Agrarpolitiker*, Phil. Dissertation, Wien, 1974. Österr. Biographisches Lexikon (como a nota de rodapé 23), vol. 1, Wien, [2]1993, p. 54.

[25] Augustin Rössler, de Guhrau (Silésia), faleceu em Breslau; doutor em teologia; em 1875 sacerdote; em 1877 redentorista; de 1880 a 1918 pro-

170

primeira linha de frente do movimento social-cristão que, na companhia do barão von Vogelsang,[26] se voltou para a pobreza, para a questão trabalhista, para o bem do povo. Esse impulso no aspecto social deu ocasião para os redentoristas austríacos construírem uma igreja em Hernals, num bairro operário onde viviam principalmente imigrantes tchecos. Originariamente ela deveria ser dedicada ao Pe. Hofbauer, caso o processo de sua canonização já estivesse concluído.[27]

---

fessor em Mautern (Stmk.), tornou-se conhecido por seu engajamento na política social, por sua ação em favor do movimento feminino católico e pelo empenho em favor de um integralismo direcionado para o catolicismo. Obra principal: *Die Frauenfrage von Standpunkt der Natur, der Geschichte und der Offenbarung*, Wien, 1893 (Freiburg, [2]1907. Josef Schweter, P. Dr. Augustin Rössler C.Ss.R., 1851-1922, Schweidnitz 1929; *Biographisch-bibliographisches Kirchenlexikon* 8 (1994), p. 534-537; *Neue deutsche Biographie* (2001); *LTnK* 3 11 (2001).

[26] Carl Barão von Vogelsang (1818-1890) nasceu em Liegnitz e faleceu em Viena; estudou ciências jurídicas e estatais em Bonn, Rostock e Berlim, em 1850, conversão para a Igreja Católica; desde 1875 redator em Viena da revista católica-conservadora "Vaterland", editou desde 1879 a revista "österreichischen Monatshefte für Gesellschaftswissenschaft und Volkswirtschaft (mais tarde "Monatsschrift für christliche Sozialreform"), principal iniciador do "movimento social cristão" na Áustria. Sobre ele: Erwin Bader, *Die geistige Grundlegung der christlichen Sozialreform am Beispiel Karl von Vogelsangs*, Wien, 191; id., *Christliche Sozialreform im Dinne von Karl Vegelsang, in Konservativismus in Österreich. Strömungen, Ideen, Personen und Vereinigungen von den Anfängen bis heute*, herausgegeben von Robert Rill und Ulrich E. Zellenberg, Graz-Stuttgart 1999, p. 153-163.

[27] Cf. Relatório do Pe. Josef Calazans Heidenreich, em Carl Mader, *die Kongregation des Allerheiligsten Erlösers in Österreich*, Wien 1887, p. 301-303.

Que Heinrich Swoboda, o primeiro a escrever um livro sobre pastoral da grande Viena, também tenha tido uma perspectiva semelhante sobre Hofbauer não é de se admirar. E é também compreensível que um redentorista de nosso tempo utilize os mesmos parâmetros em suas exposições. A Congregação está aí para redefinir sua identidade, voltar às raízes e daí para frente traçar uma visão de sua missão, que deve cristalizar-se nesta frase: *Evangelisare pauperibus*, levar a Boa-Nova aos pobres, aos privados de seus direitos, aos marginalizados, através da Palavra e da ação. Está claro: olhando para Hofbauer, esse modelo, essa perspectiva representam uma perspectiva central.

É natural esta pergunta: Que relação existe entre essa interpretação e a realidade? Ou por outra: A figura de Hofbauer, o pai dos pobres, o cura da alma e do corpo, o cuidador da vida, é apenas um santinho piedoso ou uma cópia viva? Repetindo a pergunta de outra maneira: Dá para ver o Hofbauer histórico por detrás disso? Um olhar para as fontes de origem responde que sim. Se pesquisarmos o tema tratado, nas fontes na coleção "Monumenta hofbaueriana", em que é historiada a vida de São Clemente sob o aspecto do amor aos pobres, poderemos concluir: Trata-se de uma interpretação que se aproxima o mais possível da realidade – e uma realidade que é mais que simples "faticidade" – com todas as conseqüências para a imagem de Hofbauer, o pai dos pobres.

2. Hofbauer e o Iluminismo

Segunda interpretação. Na segunda edição de "Lexikon für Theologie und Kirche", Hofbauer é denominado "o vencedor moral do Iluminismo, do Josefinismo e do Jansenismo".[28] O prospecto da Editora Styria para o livro de Hofbauer, escrito por Kornelius Fleischmann,[29] também repetiu em substância a mesma expressão.

É uma afirmação que possui tradição. De fato, ela não se encontra em Pösl (1843). De outra forma, em Sebastian Brunner (1858). Já o primeiro capítulo de seu livro, no qual descreve as condições religiosas na Viena de Hofbauer, classifica Hofbauer como lutador contra a burocracia eclesiástica e o Iluminismo racionalista. Todavia, está ciente do fato (isso foi freqüentemente esquecido mais tarde pelos biógrafos) de que Hofbauer não estava sozinho. Não porque, em seu tempo, não tivesse havido em Viena homens verdadeiramente piedosos e tementes a Deus, escreve Brunner, mas para a maioria deles, como para o arcebispo príncipe Sigismund von Hohenwart, faltou a necessária "energia". Hofbauer, a cuja roda outras personalidades se reuniram, portou-se diferente.[30]

---

[28] *LThK* 25 (1960), 414.

[29] Kornelius Fleischmann, *Klemens Maria Hofbauer. Sein Leben und seine Zeit*, Graz, 1988.

[30] Sebastian Brunner, *Clemens Maria Hofbauer und seine Zeit, Miniaturen zur Kirchengeschichte von 1780 bis 1820*, Wien, 1858, p. 1-12.

Seria estranho se Brunner não tivesse escrito isso. Trata-se de seu tema predileto. Em suas numerosas publicações sarcástico-irônicas, atacou de maneira aguçada o miolo do Josefinismo e do Iluminismo e os interpretou unilateral e negativamente.[31] Isso influenciou, até nossos tempos, os católicos austríacos na avaliação do Josefinismo e Iluminismo e marcou fortemente a imagem de Hofbauer.

A luta de Hofbauer contra o Iluminismo e, como acréscimo, a pretendida igreja nacional alemã independente de Roma, conforme a primeira grande e autorizada biografia de Hofbauer escrita pelo Pe. Michael Haringer,[32] foram ti-

---

[31] Cf. Sebastian Brunner, *Die theologische Dienerschaft am Hofe Josephs II*, Wien 1868. Id., *Die Mysterien der Aufklärung in Österreich*, Wien 1869; id., *Joseph II. Characteristic seines Lebens, seiner Regierung und seiner Kirchenreform. Mit Benützung archivalischer Quellen*, Freiburg 1874; id., *Allerlei Tugendbolde aus der Aufklärungsbilder gegen den Willen ihrer Verehrer beleuchtet*, Paderborn, 1888. Principalmente Sebastian Merkle apontou para a crítica superficial de Brunner sobre o Iluminismo católico. Cf. Sebastian Merkle, *Die katholische Beurteilung des Aufkärungszeitalters*, Berlin, 1909, 61; id., *Die kirchliche Aufklärung im katholischen Deutschland. Eine Abwehr und zugleich ein Beitrag zur Charakteristik "kirchlicher" und "unkirchlicher" Geschichtsschreibung*, Berlim, 1910, p. 27. Em Merkle: "Klaus Ganzer", em *LThK* 37 (1998), p. 145.

[32] Michael Haringer (1817-1887) nasceu em Schlotthan bei Altötting; faleceu em Roma; estudou Teologia com Görres e Döllinger em Munique; em 1843 sacerdote, no mesmo ano, redentorista; em 1849 sócio do consultor geral M. Hugues em Roma; editou 1846 e 1847 a Teologia Moral de Santo Afonso; em 1854 o *Homo apostolicus* de Santo Afonso; em 1855 vocal no Capítulo Geral; em 1859 consultor da Congregação das Indulgências; em 1873 consultor da Congregação do Index. Sobre ele, por

das como seu tema principal. Este foi escrito no tempo do Concílio Vaticano I, quando o centralismo romano, o ultramontanismo, portanto, a opressão das igrejas, o fechamento da Igreja Romana perante o mundo e a cultura moderna, o recuo atrás das trincheiras atingiram o ponto culminante. Justamente nesse tempo foi introduzida a causa da beatificação do Pe. Hofbauer. Esta contribuiu – como o historiador Fabriciano Ferrero expôs no "Spicilegium Historicum" – para que, até nos testemunhos, se formasse uma imagem de Hofbauer relativa a esse tempo.[33] Mais ainda, "Hofbauer devia escrever apoiando o integralista, antiliberal e antimoderno Papa Pio IX",[34] como expôs o conhecido historiógrafo da Igreja Herman H. Schwedt; vejamos também no *Spicilegium Historicum* C.Ss.R. Os próprios redentoristas pertenciam então ao grupo principal de apoio ao sistema "integralista" e tudo faziam para superar os jesuítas. Para isso, instrumentaram também seus santos, entre eles Santo Afonso de Ligório, altamente simbolizado como precursor na campanha

fim: Hermann H. Schwedt, Michael Haringer C.Ss.R., "Theologe auf dem Ersten Vatikanum und Konsultor der Index Kongregation", em *Geist und Kirche. Studien zur Theologie im Umfeld der beiden Vatikanischen Konzilien Gedenkschrift für Heribert Schauf*, Edit. von Herbert Hamman, Herman-Josef Reudenbach, Heino Sonnemans, Paderborn 1991, p. 439-489; "französische Übersetzung im Spicilegium Historicum Congr. Ssmi. Redemptoris" (im weiteren abgekürzt: SHCSR) 39 (1991), p. 99-155.

[33] Fabriciano Ferrero, "La investigacion histórica sobre san Clemente Maria Hofbauer", em SHCSR 27 (1979), p. 319-353, aqui 327.

[34] Schwedt, Haringer (como a nota 32), 451.

175

pelo dogma da Imaculada Conceição, conforme demonstrou Giuseppe Orlandi;[35] Clemente Hofbauer foi descrito como o novo cavaleiro São Jorge, que sozinho chamou a campo o dragão do Iluminismo anticristão, e sem Deus, e impediu a fundação de uma igreja nacional separada de Roma.

Como historiador que somente se apóia nas fontes, podemos apenas dizer: Trata-se de ideologias que até hoje alimentam as biografias de Hofbauer, embora há muito tempo tenham sido relegadas para o reino da fantasia pela História da Igreja cientificamente escrita.[36]

---

[35] Cf. Giuseppe Orlandi, "La causa per il dottorato di S. Alfonso. Preparazione – Svolgimento – Ripercussioni (1866-1871)", em *SHCSR* 19 (1971) 25-240, aqui 65s.

[36] Cf. Hubert Becher e outros. *Der deutsche Primas. Eine Untersuchung zur deutschen Kirchengeschichte in der ersten Hälfte des 19.* Jahrhundertes, Colmar O.J. (1943), 14-174; Rudolf Fendler, *Johann Casimir von Häffelin 1727-1827. Historiker-Kirchenpolitiker, Diplomat und Kardinal (Quellen und Abhandlungen zur mittelrheinischen Kirchengeschichte, 35),* Mainz, 1980, p. 95-107; Karl Hausberger, *Staat und Kirche nach der Säkularisation. Zur bayerischen Konkordatspolitik im frühen 19.* Jahrhundert (Münchener Theologische Studien, I. Hist. Abt., 23). St. Ottilien 1983, 135-155; Franz Xaver Bischof, *Das Ende des Bistums Konstanz* (1802-1803; 1821-1827). Stuttgart 1989; id., *Die Konkordatspolitik des Kurerzkanzlers und Fürst-primas Karl Theodor von Dalberg und seines Konstanzer Generalvikars Ignaz Heinrich von Wessenberg in den Jahren 1803 bis 1815, Zeitschrift für Kirchengeschichte 108* (1997), p. 75-92; Hans-Bernd Spiess, Carl von Dalberg, *1744-1817, Beiträge zu seiner Biographie,* Aschaffenburg 1994; Konrad M. Färber e outros, *Carl von Dalberg, Erzbischof und Staatsmann (1774-1817),* Regensburg; Karl Hausberger (Edit.) Carl von Dalberg, *Der letzte geistliche Reichsfürst,* Regensburg, 1995.

Alguns exemplos: Haringer escreve em 1877 que o Primaz alemão Arcebispo Príncipe von Dalberg ergueu seu trono "sobre as ruínas da igreja alemã", com o auxílio de Sailer, discípulo de Wessenberg, para "onde fosse possível separar completamente a Igreja da Alemanha da Igreja Mãe e protestantizar tudo", mas somente São Clemente conseguiu impedir.[37] Adolf Innerkofler,[38] cuja volumosa biografia de Hof-

[37] Michael Haringer, *Leben des ehrwürdigen Dieners Gottes und vorzüglichsten Verbreiters der Congregation des allerheiligsten Erlösers, Clemens Maria Hofbauer, General-Vicars und vorzüglichsten Verbreiters der Congregation des allerheiligsten Erlösers*, Wien 1877, p. 67-77, Haringer se refere com esta apreciação a Bartolomeo Pacca, *Memorie storiche di Monsignore Pacca sul di lui soggiorno in Germânia dall'anno 1786 al 1794*, Rom 1832. Bartolomeo Pacca, desde 1808, secretário de Estado do Cardeal, era amigo do Núncio de Lucerna Testaferrata e acirradamente contra a restauração da Igreja alemã. Cf. Franz Xaver Bischof, "Der Konstanzer Generalvikar Ignaz Heinrich Barão von Wessenberg im Spiegel der Berichte des Luzerner Nuntius Fabrício Sceberras Testaferrata (1803-1806)", em *Revista Zeitschrift für Kirchengeschichte* 101 (1990), p. 197-224, aqui 218; id., *Das Ende des Bistums Konstanz* (como a nota 36), 322s. e passim.

[38] Adolf Innerkofler (1872-1942), sacerdote e escritor, nasceu em Sexten, St. Veith (Südtirol), redentorista em 1892; depois da ordenação em Graz, continuou os estudos em Viena e aí fez amizade com Richard Kralik; em 1898 professor no Juvenato; desde 1900, missionário popular e diretor de retiros, finalmente escritor ativo; em 1905 fez parte dos fundadores do Gralbund; 1916 saiu da Congregação, à qual continuou estreitamente unido; desempenhou diversos cargos na pastoral; escreveu novelas, peças e romances, entre eles (fortemente anti-semita) o romance sobre Hofbauer "Maria und das Reh von Mariabruns" (1937). Digna de menção também sua atividade como renovador do drama da Paixão e como co-fundador do "christlich-deutschen" Volksbühne. Finalmente seja mencionada sua luta contra a anexação do Tirol, sua pátria, à Itália.

bauer escrita em 1910[39] ficou sendo uma "gigantesca pedreira pouco visível", sabe que na verdade o Iluminismo talvez tivesse lados bons, que "a Teologia do Iluminismo queria, de maneira um tanto esquisita, tentar uma direção mais nova na ciência católica alemã".[40] Alude-se ao livro recente de Sebastian Merkle, historiador de Würzburgo: "O Iluminismo eclesiástico na Alemanha Católica. Uma defesa e ao mesmo tempo uma contribuição para a característica da literatura 'eclesiástica' e 'não eclesiástica' sobre História";[41] contudo ele rejeita isso – como demonstração de autoridade – ao criticar severamente autores da Igreja, principalmente Sebastian Brunner, cujos folhetos "Theologische Dienerschaft am Hofe Josephs II" e "Die Mysterien der Aufklärung" tornam-se para ele uma espécie de evangelho infalível.[42] Nesse contexto acontece que o pretenso impedimento de uma igreja nacional alemã por Hofbauer também reaparece à tona, e

---

[39] Adolf Innerkofler, *Lebensbild des heiligen P. Klemens Maria Hofbauer, des vorzüglichsten Verbreiters der Redemptoristenkongregation*, Regensburg, 1910. Segunda edição: *Der heilige Klemens Maria Hofbauer, ein österreichischer Reformator und der vorzüglichste Verbreiter der Redemptoristenkongregation*, Regensburg 1913.

[40] Id., p. 39s.

[41] Cf. Sebastian Merkle, *Die katholische Beurteilung des Aufklärungszeitalters im katholischen Deutschland*. Uma defesa e ao mesmo tempo uma contribuição para a característica "kirchlicher" e "unkirchlicher" Geschichtsschreibung, Berlin, 1910. Sobre Merkle: "Klaus Ganzer", em *LThK* 37 (1996), p. 145.

[42] Cf. Innerkofler, Hofbauer, p. 18s., 211s., 24, 35s., 41, 54 e outras.

178

Wessenberg é apontado como um iluminado e cismático inconvertível.

Mesmo Eduard Hosp em 1951,[43] no que diz respeito à apreciação do tempo do Iluminismo e Josefinismo (mas também do "Romantismo"), encalhou em preconceitos como muitos católicos de seu tempo.[44] Wessenberg é apresentado por ele, ainda em 1955, como o total e perigoso defensor cismático de uma igreja nacional católica alemã.[45] Ainda em 1988 Kornelius Fleischmann[46] assume uma condenação indiscriminada do Iluminismo. Mas também a igreja cismática alemã emerge.[47] Mais ainda, a escola de Günther,[48] que na pesquisa já se havia reabilitado há muito

---

[43] Eduard Hosp, *Der heilige Klemens Maria Hofbauer (1751-1820)*, Wien 1951, volumes 71-83, 174, 192, 197s. e outros.

[44] Assim descreve Herbert Rieser S.J., *Der Geist des Josephinismus und sein Fortleben, Der Kampf der Kirche um ihre Freiheit*, Wien 1963. Infelizmente esses escritos atuam até hoje. Cf., por exemplo, Alexander Appenroth, *Bischof Kahn und das Apostolat des gedruckten Wortes*, Klagenfurt 1991, p. 7-21.

[45] Eduard Hosp, "Der heilige Klemens in Triberg im Schwarzwald 1805. Zum 150-jährigen Jubiläum", em *SHCSR* 3 (1955), p. 412-446, aqui 446.

[46] Kornelius Fleischmann, *Klemens Maria Hofbauer, Sein Leben und seine Zeit*, Graz 1988, 228s. e outras.

[47] Id., p. 114, 118.

[48] Cf. Johann Reikerstorfer, Anton Günther (1783-1863) e sua escola, em *Christliche Philosophie im katholischen Denken des 19. u. 20 Jahrhunderts*, editado por Emerich Coreth e outros, 3 volumes, Graz-Wien-Köln 1987-1990, I, p. 266-284; Joseph Pritz, *Glauben und Wissen bei Anton Günther*. Uma introdução em sua vida e obra. Com uma seleção de seus escritos, Wien 1963; Hermann H. Schwedt, condenação das obras de Anton Günther (1857) e seus discípulos, em *Zeitschrift für Kirchengeschichte* 101 (1990), p. 303-345.

tempo e que pertencia ao líder católico Joseph von Görres,[49] é – como pela Congregação do Index em 1857 – condenada com o anátema por Fleischmann.[50] Em outras biografias de Hofbauer, escritas no presente, também se podem ler sempre acusações indiscriminadas do Iluminismo. Por exemplo: "O homem soberbo declarou-se a si mesmo como medida de todas as coisas... Começou no mesmo comboio a luta encarniçada contra a visão cristã do mundo *(Weltanschaung)*. As idéias iluministas penetraram totalmente no Estado... Instalou-se o movimento 'fora com Roma'".[51] Naturalmente isso é uma deturpação. Ao menos se dissesse quem está sendo visado.

As teses radicais dos iluministas ingleses e franceses eram alheias ao Iluminismo alemão. Homens como Holbach e também Voltaire sentiam-se aqui e ali influenciados pelos católicos iluministas alemães da burguesia e da nobreza,[52]

---

[49] Cf. Bernd Wacker, *Revolution und Offenbarung, Das Spätwerk (1824-1848) von Joseph Görres – Eine politische Theologie (Tübinger Theologische Studien)*, Mainz 1990, 195-203; id., "Kein katholischer Philosoph. Baader, Görres und die Görrestradition nebst einem beinahe vergessenen Brief Görres", em Peter Koslowski (Edit.), *Die Philosophie, Theologie und Gnosis, Franz von Baaders Spekulatives Denken zwischen Aufklärung*, Restauration und Romantik, Wien 1993, p. 201-218.

[50] Fleischmann, Hofbauer (como a nota 46), 232.

[51] Josef Heinzmann, *Das evangelium neu verkünden* (como a nota 46), p. 232.

[52] Cf. Magnus Jocham, *Kurze Lebensgeschichte des Hochw. Herrn Directors und Domcapitulars Dr. Georg Friedrich Wiedemann*, Augsburg 1864, p. 28.

mas isso não era norma, e sim exceção. A questão exata do Iluminismo alemão, começando com Lessing, era em todo o caso a questão sobre Deus e para Deus.[53] Mas talvez aqui se trata apenas de uma projeção do Iluminismo atual, popularizado, prático e ateu no passado.

No que diz respeito ao Iluminismo tardio e ao Josefinismo católico austríaco (e também bávaro), seu objetivo principal ficava no terreno da organização eclesial e devocional. É certo que para o absolutismo iluminista valia o princípio da supremacia do Estado sobre a Igreja. Basicamente esse princípio, já desde a Reforma Protestante, vigorava também nos países católicos alemães, especialmente na monarquia dos Absburgos (Pietas austríaca) e igualmente na Baviera até Luís I.

Lá onde o Estado atuava com o espírito da Igreja, esta recebia as reformas estatais como medidas benéficas. Não se discute que José II, embora sendo uma pessoa piedosa, como sua mãe Maria Teresa, no esforço para racionalizar a piedade barroca, às vezes ultrapassou os limites em suas reformas do culto divino; nem se discute o fato de que ele e seus colaboradores iluministas, freqüentes vezes, não se davam conta de que a pessoa não é só razão, que a fé é mais do que uma conduta moralmente virtuosa, que a piedade deve encarnar-se na prática.

---

[53] Cf. Ernst Cassirer, *Die Philosophie der Aufklärung*, Tübingen, 932. A obra nos parece até hoje a melhor introdução ao mundo pensante do Iluminismo.

181

Por outro lado, a reforma da Igreja feita pelo Josefinismo cortou de maneira justificada os exageros barrocos e os rituais supersticiosos. Foi ela que deu uma importância central à cura das almas, que reformulou a organização diocesana e criou paróquias menores bem definidas.[54] Não por último foi ela que colocou a Pastoral como matéria de ensino;[55] a forte acentuação da catequese para a formação sacerdotal foi ainda filha do Josefinismo e de suas reformas.

Realmente Hofbauer voltou-se decididamente contra alguns exageros "neológicos" (isto é, provenientes da teologia

[54] Cf. agora Harm Klüting (Edit.), *Katholische Aufklärung – Aufklärung im katholischen Deutschland* (Studien zum 18. Jahrhundert, 15), Hamburgo 1993; id. (Edit.), *Der Josephinismus. Ausgewählte Quellen zur Geschichte der theresianisch-josephinischen Reform*, Darmstadt 1995. Remeta-se também para Eduard Winter, *Der Josefinismus. Die Geschichte des österreichischen Reformkatholizismus*, Berlin 1962 (fundamental); Eleonore Zlabinger, Ludovico Antônio Muratori und Österreich, Innsbruck 1970; Grete Klingenstein, *Staatsverwaltung und kirchliche Autorität im 18. Jahrhundert*, Wien, 1970; id., "Radici del reformismo asburgico", em *Storia religiosa dell'Austria* (Europa ricerche 4), a cura di Ferdinando Citterio e Luciano Vacaro, Mailand 1997; Peter Hersche, *Der aufgeklärte Reformkatholizismus in Österreich*, Bern 1976; id., "Neuere Literatur zur katholischen Aufklärung in Österreich", em *Internationale Kirchliche Zeitschrift* 62 (1972), p. 115-128; indispensável até hoje.

[55] Cf. Josef Muller, *Der pastoraltheologisch-didaktische Ansatz in Franz Stephan Ratenstrauchs "Entwurf zur Einrichtung der theologischen Studien"* (Wiener Beiträge zur Theologie, 24) Wien, 1969; Id., "Die anthropozentrische Pastoraltheologie der Aufklärung", em *Von der Pastoraltheologie zur praktischen Theologie*, ed. Por Érika Weinzierl e Gottlieb Griesl, Salburg 1975, p. 13-23; Peter Hersche, *Der Späjansenismus in Österreich (Veröffentlichungen der Kommission für Geschichte Österreichs, 7)*, Wien, 1977, passim.

iluminista do protestantismo) e, mais ainda, (exageros) místicos e pietistas na Teologia e na piedade,[56] e sobretudo contra o racionalismo unilateral da religião, não porém contra as reformas pastorais e organizativas de José II, abstraindo de sua desconfiança aberta e justificada em parte contra os "Seminários gerais". Nada tinha contra a acentuação iluminista na instrução religiosa do povo. Ele mesmo freqüentou por duas vezes, em Viena (Santana), um curso catequético[57] que o josefino prof. Gall[58] dirigia. Sua vigorosa atividade pedagogicamente orientada, sua fundação de institutos de educação, até o novo esboço das Regras aprovadas por ele, esboço

---

[56] Cf. "Klemens Maria Hofbauer an den Wiener Nuntius Antônio Severoli 16. Januar 1806", em *Monumenta Hofbaueriana* VI, Torun 1932, p. 13-15; "Klemens Hofbauer an Kardinal Antônio Severoli, 27. Januar 1818", em *MH* XIII, Krakau 1939, p. 293-295.

[57] Na verdade 1779-1780 e 1785-1786. Hosp é do parecer que Hofbauer interrompeu o primeiro curso. Contudo é uma suposição. Cf. Eduard Hosp, *Der heilige Klemens* (como a nota 43), 21s.; Johann Hofer, *Zur jugendgeschichte des Heiligen Klemens Maria Hofbauer, in Festschrift und Festbericht der Jahrhundertfeier* (como a nota 16), 83s.; Giuseppe Orlandi, "Gli anni 1784-1787 nella vita de S. Clemente Maria Hofbauer. Suggerimenti per uma rilettura", em *SHCSR* 34 (1986), p. 187-280, aqui 252-256.

[58] Josef Anton Gall (1748-1807), mais tarde bispo de Linz, foi discípulo do reformador das escolas Johann Ignaz von Felbinger, que lhe conseguiu também a cadeira de "professor de Religião" em Santana. Como inspetor escolar, foi-lhe confiada por José II a reforma escolar na Baixa Áustria e foi estimado como iluminista e assistente dos seminários gerais. Sobre ele: Rudolf Zinnhobler, "Gall", em Erwin Gatz (ed.), *Die Bischöfe der deutschsprachigen Länder 1785-1803 bis 1945. Ein biographisches Lexikon*, Berlin 1983, 228s.

este no qual os redentoristas são apresentados como formadores do povo desde a creche até a universidade,[59] têm a ver com o Iluminismo que não era somente Racionalismo.

Finalmente, quanto ao Jansenismo na Áustria, pesquisas mais recentes mostraram claramente que ele perdeu sua influência no final do século XVIII e, com o Jansenismo francês de outrora, ele só tinha em comum praticamente o nome.[60] A despeito de outros testemunhos dos biógrafos, não possuímos nenhuma prova convincente de que nos forneça um esclarecimento de como Hofbauer realmente avaliava seus professores (abstraindo daquela expressão: "Senhor professor, isto não é mais católico", sobre a qual não sabemos quem era o visado e quando realmente foi pronunciada).[61]

---

[59] Cf. "Regelentwurf Hofbauers", apresentado a Franz I., em *MH* XIII, Krakau 1939, p. 178-196; para isso, Eduard Hosp, *Geschichte der Redemptoristen-Regel in Österreich (1819-1848). Dokumente mit rechtsgeschichtlicher Einführung* (Documentos com introdução jurídico-histórica) Wien 1939, p. 18, 225-249. Cf. também a apreciação de P. Krals, em *MH* XI, Torun 1939, p. 235.

[60] Peter Hersche, *Der Spätjansenismus* (como a nota 55), p. 353-355; Rudolph Reinhardt, "Der Jansenismus", em *Rottenburger Jahrbuch für Kirchengeschichte* 13 (1994), p. 190-198, aqui 197s.

[61] A expressão mencionada diferentemente nos testemunhos do processo de beatificação refere-se comumente ao tempo em que Hofbauer estudava em Viena. De qual professor se tratava, não é dito; entretanto, mais tarde é dito que somente Hofbauer se encontrou com "o professor" quando, "como homem idoso", vivia em Viena. Ele deveria ser na ocasião do encontro um pouco mais velho que Hofbauer. Ao menos enquanto pude deduzir, isso não se refere para nenhum dos professores de Hofbauer em Viena, mas para o primo Johannes Jahn, mais tarde

Certo é que, no tempo em que Hofbauer estudava em Viena, lecionava na Universidade o teólogo mais conhecido do Iluminismo tardio josefino na Áustria, Franz Giftschütz (1748-1788),[62] um homem que, em questões de Pastoral, era autoridade na Áustria e em toda a Alemanha pelo século XIX a dentro. Seu *Guia de Teologia Pastoral*, lançado em Viena em 1785, distingue-se dos manuais anteriores em língua alemã pela disposição clara e pela sistemática científica. O autor exige do pastoralista – aqui está o iluminista

exegeta, que como premonstratense que, depois de ordenado padre, foi professor de Hofbauer no ginásio de Klosterbruck em 1776. Portanto, a expressão devia ser a respeito de Jahn naquele tempo. Esta nota está apoiada numa biografia anterior sobre Hofbauer, editada na Bélgica (Pieter Claessens, *Vie du Vénérable Clément-Marie Hofbauer, prêtre de la Congregation du Très Saint Rédempteur et premier Propagateur de la Congregation a Saint Alphonse*, Bruxelas 1875, 29s.) e, sobretudo, numa anotação escrita à mão pelo redentorista austríaco Joseph Reymann, do ano de 1854, na biografia de Pösl que tenho presente. Reymann anota expressamente que o professor foi Jahn (Anotação com assinatura e data, sobre Pösl, Hoffbauer, 19. Exemplar no arquivo provincial de Viena, PA/KL 87). Josef Reymann (1787-1855), sacerdote em 1809, capelão da corte e, com isso, estreito colaborador do pároco Frint (1766-1834), apreciado como catequista e pastoralista, em 1811 exerceu bem o cargo de catequista em Santana; em 1816, diretor do seminário em Frintaneum, redentorista desde 1824. Cf. Mader, *die Congregation* (como a nota 27), 386. Martin Johann Jahn (1750-1816) de Tasswitz, de 1772 a 1784 Premonstratense; em 1784 professor de Exegese e línguas orientais em Viena; desde 1806 cônego na catedral de Santo Estevão, em Viena. Cf. Manfred Brandl, "Jahn", em *LThK* 35 (1996) 711.

[62] Franz Giftschütz, desde 1778, professor na Universidade de Viena. Peter Hersche, *Der Spätjansenismus in Österreich*, 318-320.

– um alto grau de formação e virtude, mas também a bondade de coração. As influências jansenistas se mostram na recusa da casuística e em certa severidade no Sacramento da Penitência (adiamento da absolvição). Na questão da "Comunhão freqüente", que mais tarde foi tão importante para Clemente, Giftschütz desviou-se do jansenismo rigoroso.[63] Sobre o jansenismo não temos nenhum juízo, quer negativo quer positivo, de Hofbauer.

Vamos e venhamos, como já foi acenado, Hofbauer voltou-se decididamente contra um racionalismo superficial, contra a troca da religião pela moral natural, e se colocou a favor de uma prática religiosa que abrange o homem todo, com a razão, o coração e todos os sentidos. Que a missão de Hofbauer para aquele tempo estava certa, deveria ser incontestável; e assim se deverá concordar com Sebastian Brunner, quando ele viu em Hofbauer um revitalizador da vida religiosa no tempo do entibiamento religioso.[64] O problema começa lá, onde o modo de Hofbauer, enraizado na piedade popular sadia e em seu "nariz católico",[65] a par com a prudência e o "senso comum", é tachado de fundamentalismo[66] combativo e intolerante, como no tempo do *Syllabus* e do Concílio Vaticano I, quando sua postura eclesial recebeu outra interpretação.

---

[63] Id.

[64] Sebastian Brunner, *Hoffbauer* (como a nota 30), 10-12.

[65] Testemunha P. Johannes Kral, em *MH* XI, Torun 1931, 218.

[66] Cf. Fleischmann (como a nota 46), 228s.

Finalmente, quanto à afirmação sempre repetida, segundo a qual Hofbauer impediu a criação de uma igreja nacional alemã independente de Roma, como Dalberg e Wessenberg teriam planejado, espera-se que tenha desaparecido de suas biografias. Dalberg e Wessenberg não queriam uma Igreja "cismática" alemã,[67] como se pode ler nessas biografias. O que, quando muito, se poderia censurar é o fato de que eles aspiravam a uma restauração da igreja do império alemão, ainda que de outras maneiras, mas baseada numa concordata com Roma. Podemos seguramente "queimar" essas aspirações como "episcopalismo imperial" ou "febronianismo", com isso aceitamos o ponto de vista dos zeladores *(zelanti)* curiais que, no fim do antigo império, iriam reprimir a liberdade das igrejas e implantar o ultramontanismo, integralismo e centralismo romano contra qualquer tradição cristã alemã, e criar um novo tipo de bispo que não seria mais príncipe da Igreja baseado no direito divino, mas executor de ordens por benevolência do Papa, sujeito em tudo a ele e a seu episcopado universal.[68]

Os instrumentos para implantar esse novo sistema eram os núncios papais. Distinguiu-se humildemente para isso o Núncio de Lucerna, Dom Testaferrata,[69] que procurou sub-

---

[67] Cf. a literatura citada na como a nota 36.

[68] Cf. Rudolf Lill, "Die ersten deutschen Bischofskonferenzen", em *Römische Quartalschrift* 59 (1964), p. 177.

[69] Fabrizio Sceberras Testaferrata (1758-1843), de Valetta (Malta) von 30. Outubro 1803 até 9.3.1816, Núncio em Lucerna. Cf. Franz X. Bispo. *Das Ende des Bistums Konstanz im Spannungsfeld von Säkularisation und Supression* (1802-1803; 1821-1827), Stuttgart 1989, 316s.

trair o vigário geral de Dalberg e o administrador do bispado de Constança não somente de seu múnus eclesiástico, mas destruir o bispado inteiro de Constança. Assim ele podia eliminar para sempre, em favor do centralismo romano, o reformador Wessenberg, que foi discípulo de Sailer e se empenhava por uma piedade razoável, o que aconteceu finalmente após o Congresso de Viena. Mas o que Hofbauer tem a fazer diante disso tudo?

Um olhar para as fontes mostra que os dois especialistas em pastoral, Hofbauer e Wessenberg (bem outra coisa do que Hofbauer e Sailer), entendiam-se esplendidamente bem no começo.[70] Mesmo quando chegaram as primeiras queixas no vicariato geral de Constança a respeito de práticas pouco inspiradas dos padres no Monte Tabor (Berg Tabor), em Jestetten,[71] Wessenberg colocou-se atrás de Hofbauer e de seus padres.[72] Isso mudou radicalmente quando Hofbauer providenciou a ordenação sacerdotal de alguns redentoristas em Lucerna pelo Núncio Testaferrata, sem buscar a permissão para isso do então bispo competente que era Wessenberg. Ele

---

[70] Cf. Klemens Maria Hofbauer an der Wiener Nuntius Severoli, 9. Januar 1803; Wessenberg an Severoli, 29 dezember 1802; cf. Severoli an Hofbauer, 10. Januar 1803. *MH* V, Torun 1933, 10-17.

[71] Elas saíram, entre outros, do Beneditino Januarius (Paul) Frey (1749-1831), OSB 1768, sacerdote 1774; desde 23 de outubro 1805 abade do mosteiro Rheinau. Cf. *MH* V, Torun 1933, 111-118.

[72] Cf. carta do Ordinariato de Constança para a municipalidade de Triberg, 22 de outubro 1803, em *MH* IV, Torun 1931, 9s.

se julgava autorizado a proceder assim, baseado num privilégio papal.[73] Só que para Wessenberger tratava-se de uma questão fundamental. Sua primeira reação foi a suspensão de ordens dos neo-sacerdotes.[74] Essa forte medida é compreensível de algum modo, quando se sabe que, justamente nesse tempo, o Núncio tornou-se adversário ferrenho de Wessenberg. Desde então conhecia somente um objetivo: "A renúncia de Dalberg ao bispado de Constança, o afastamento de Wessenberg do vicariato geral e a separação do território suíço de sua diocese mãe. Este *ceterum censeo*, repetido até enjoar, perpassa (daqui em diante) seus relatórios como um fio vermelho".[75]

Questionamos se Hofbauer ficou sabendo de tudo isso ou se foi o incidente em Lucerna que fez desencadear a campanha do Núncio contra Wessenberg. O severo relatório de Testaferratta de 23 de novembro de 1805, no qual transparece claramente sua rivalidade com Wessenberg,[76] poderia ter incluído as medidas contra os redentoristas.

Ante esse posicionamento radical, compreende-se que a carta de Hofbauer a Wessenberg (29.8.1805), na qual

---

[73] Cf. Hofbauer para Wessenberg, 29.8.1805. *MH* V, Torun 1933, 43s.

[74] Crônica da casa de Friburgo, Suíça, *MH* VI, Torun 1932, 164; Remarques (Czech para Desurmont). *MH* XV, Rom, 1951, 46. Cf. Ordinariato de Constança ao Diretor das romarias Dr. Carl Höhn, Triberg, 26.9.1805. *MH* IV, Torun 1931, 50; Abade Januarius Frey de Rheinau para o pároco Endres em Triberg. *MH* VI, Torun 1932, 36s.

[75] *Bischof, das Ende des Bistums Konstanz* (como a nota 60), p. 317.

[76] Id., p. 321-323.

pedia humildemente perdão, não teve nenhum efeito.[77] Pelo contrário, daí em diante Wessenberg começou a ficar de "orelhas em pé" a todas as queixas sobre as assim chamadas "devoções paralelas" e os diversos costumes estranhos dos redentoristas.[78] Não faltaram queixas sobre superstições e "entusiasmo frenético" dos padres, "esta exorbitante tropa de fanáticos".[79] Esses "santos italianos milagreiros", esses "ligorianos italianos" e "polacos" – assim se dizia – com certeza "estariam devorando o pão dado aos pobres", depois pendiam a cabeça para o lado, "como se realmente tivessem sido levados com Paulo ao terceiro céu".[80]

Nessas críticas certamente terá havido alguma coisa que se justifica. Podemos duvidar se era prudente para Hofbauer deixar dois padres poloneses em Triberg para aprender o alemão com seu sobrinho Franz Hofbauer, que falava um dialeto alemão da Morávia.[81] Devia haver um motivo fundamental para as queixas, como já aconteceu em Jestetten. Os párocos da redondeza receavam que os padres deixassem

[77] Hofbauer para Wessenberg, 29.8.1805. *MH* IV, Torun 1931, p. 43s.

[78] Ordinariado de Constança para Hofbauer, 3 de agosto de 1805, id., p. 33.

[79] Triberger Jahrbuch. Ib., 134; *MH* XII, Torun 1939, p. 107.

[80] Pároco Johannes Schwab von Schonach para o Ordinariado de Constança, 26 de fevereiro de 1806, *MH* IV, Torun 1931, p. 99-106; cf. Josef Endres, Pároco de Triberg para Wessenberg, 2 de janeiro de 1808, *MH* V, Torun 1933, p. 154.

[81] Cf. Crônica da casa de Friburgo, Suíça, *MH* VI, Torun 1932, p. 163s.

190

seu povo alienado.[82] Antes do incidente em Lucerna, Wessenberg havia repelido todas essas queixas contra os redentoristas. Agora, porém, chamava-os de "famigerados idiotas, visionários e beatos".[83] Nunca, assim escrevia em outubro de 1805, ele vai tolerar que, em sua terra, "uma escola de plantas daninhas e antro venenoso da superstição" pegue um lugar através desses padres.[84] Ao mesmo tempo Franz Höhn, diretor de romaria de Triberg, recebeu o comunicado de que os padres deveriam deixar Triberg no fim de outubro.[85] Dia 31 de outubro de 1805, a Cúria comunicou que os padres foram suspensos de ordens na diocese de Constança.[86]

Depois de tudo isso, entendemos que Hofbauer só podia falar coisas desagradáveis sobre Wessenberg; compreendemos também por que, durante o Congresso de Viena, não fazia parte dos amigos de Wessenberg, um homem que se bateu

---

[82] O pároco Schwab de Schonach relatou que a metade dos paroquianos não iria mais a sua igreja, mas ia fazer o culto divino com os padres (redentoristas). Estes sabiam atrair as pessoas com "palavrinhas adocicadas" e "adulações", a tal ponto que mesmo no leito de morte queriam confessar-se com os redentoristas. Pároco Johannes Schwab de Shonach para o Ordinariado de Constança, 26 de fevereiro de 1806. *MH* IV, Torun 1931, p. 105.

[83] Wessenberg para Josef Endres, pároco de Tribergl, 22 de outubro de 1805, *MH* V, Torun 1933, p. 153.

[84] Id., cf. *MH* IV, Torun 1931, p. 75.

[85] Ordinariado de Constança para o diretor das romarias Höhn, Triberg, 26 de setembro de 1805. ib., p. 50s.

[86] Ordinariado de Constança ao diretor das romarias Höhn, 31 de outubro de 1805; Wessenberg para Höne 2 de novembro de 1805. Id., p. 59s.

em nome do Primaz alemão Dalberg pela renovação da Igreja alemã através de uma concordata. Durante o Congresso, Hofbauer manteve estreitos contatos com os chamados "oradores" de um grupo que representavam os interesses da Cúria na questão da Igreja alemã. É certo também que Wanboldt,[87]

[87] Franz Barão von Wamboldt (1761-1839), decano da catedral de Worms e cônego do Capítulo Metropoliano de Aschaffenburg. Wamboldt era sogro do conde Carl von Coudenhove, ligado estreitamente com Hofbauer pela amizade. Após a morte de Dalberg e o naufrágio definitivo da concordata do império, Hofbauer propôs em 1817, através de cartas ao Cardeal Litta e ao príncipe da coroa da Baviera, barão Luís de Wambold como "metropolita bávaro" e ainda como contrapeso para as candidaturas de Sailer e Wessenberg, o que de fato era um ato político-eclesiástico (com o que Hofbauer se contentou inteligentemente em carta ao príncipe da coroa com insinuações: Ele fala de uma escola maligna – o Iluminismo – unida com um "partido místico", que torna dispensável a Igreja visível). Com isso Hofbauer não conseguiu realmente a nomeação de Wanboldt nem impediu a elevação de Sailer a uma sede episcopal bávara. Falar da importância altamente política dessa ação parece exagerado. Hofbauer para Litta, 20 de fevereiro de 1817; Hofbauer ao príncipe bávaro da coroa Lufeig, 17 de março de 1817. *MH* XII, 251-255. O original da carta ao Card. Litta encontra-se hoje no *AHGR* (Generalarchiv Rom). O Card. Reisach o havia descoberto, contudo não no arquivo da secretaria de Estado, mas no Archivio della S. Congregazione degli Affari Eccl. Straordinari. Reisach supôs com razão que o destinatário não foi o secretário de Estado Consalvi, mas Litta. Cf. Michael Haringer para Markus Andréas Hugues, Roma, 15 de maio de 1866, AHGR, Prov. Germ. Inferior; O mesmo Hofbauer (como a nota 37), p. 312. Innerkofler (como a nota 39), p. 707; Johannes Hofer, *der heilige Klemens Maria Hofbauer. Ein Lebensbild*, Freiburg ³1923, p. 309, como a nota 1. Não se entende muito bem porque mais tarde Consalvi, respectivamente Severoli, é nomeado como destinatário. *MH* XII (Torun 1939), p. 251; Eduard Hosp, *Testemunhas de um tempo apertado. Der heilige Klemens Maria Hofbauer in Briefen*

decano da catedral, e outras personalidades, como seu conhecido Thaddäus Aigler,[88] então abade dos Premonstratenses, propuseram[89] seu nome para a dignidade episcopal, e foi cotado até para Roma como candidato ao episcopado.[90] Voltou-se decididamente, também numa publicação escrita, contra uma possível "ligação de Sailer e Wessenberg". Vamos longe demais se quisermos atribuir a Hofbauer o impedimento da "concordata imperial" e com isso a restauração da Igreja do império. Pois a desejada concordata imperial de Dalberg e Wessenberg naufragou, em todo o caso, não em primeira mão por causa do protesto de Hofbauer ou do representante da posição romana, os assim chamados oradores Helfferich und Wamboldt, mas por causa dos estados alemães, sobretudo Württemberg e Baviera, que viriam resguardados seus direitos somente por

und weiteren Schriften, vol. 1, elaborado por Josef Donner (Wiener kath. Akademie, Miscelânea, Neu Reihe 67). Typoskript, Wien, 1982, p. 100.

[88] Thaddäus Aigler (1755-1822) era um grande protetor dos Redentoristas em Babenhausen. Após a expulsão dos padres do principado, mediu para eles uma hospedagem em S. Luzi no Chur, numa antiga abadia de Irmãs de Roggenburg. Cf. Thaddäus Aigler para o chanceler da diocese de Meran em Chur, Johann Baal, 27 de novembro de 1806, *MH* VI, p. 85-87. Sobre Aigler: Franz Tuscher, *Das Reichstift Roggenburg im 18. Jahrhundert*, Weissenhorn 1974.

[89] Hofbauer para Severoli, 9 de julho de 1815; o mesmo para Litta, 20 de outubro de 1817. *MH* XIV, 34, 120.

[90] Lorenzo Litta para Antônio Gabriele Severoli, 10 de maio de 1815, em *MH* XIV, 11; Antônio Gabriele Severoli para Lorenzo Litta, 25 de abril de 1815, 24 de maio de 1815, Lorenzo Litta para Antônio Gabriele Severoli, 10 de junho de 1815, em *MH* XIV, 119s.

especiais concordatas regionais.[91] Para isso não precisavam do conselho de Hofbauer; e cuja longa conversa com seu penitente, o príncipe da coroa da Baviera também deveria relacionar-se em primeira linha com a concordata da Baviera.[92] A afirmação lançada ao mundo por Haringer, que o humilde sacerdote Hofbauer livrou a igreja alemã de um cisma, era boa demais se a tomássemos como era. Nada disso muda se constatarmos que não foi Haringer mesmo o inventor dessa tese,[93] porque já em 1864 os padres Srna e Kral externaram coisa semelhante no processo de beatificação[94] e porque em 1866 o relator da

---

[91] Cf. Franz Xaver Bischof, "Die Konkordatspolitik des Kurerzkanzlers und Fürstprimas Karl Theodor von Dalberg und seines Konstanzer Generalvikars Ignaz Heinrich von Wessenberg in den Jahren 1803 bis 1815", em *Zeitschrift für Kirchengeschichte*, 108 (1997), p. 75-92; Hubert Becher, *Der deutsche Primas*. Uma pesquisa sobre a História Eclesiástica alemã na primeira metade do século 19, Colmar O. J. (1943), 14-174. Também Becher vê os perigos de uma nova igreja "febronianista" ameaçante, contudo sua apresentação é diferente da de Haringer e seus imitadores até Cornélio Fleischmann, preocupados com o equilíbrio e sobretudo com a exatidão histórica. Sobre o papel de Bayerns sempre mencionado de novo pelos biógrafos de Hofbauer: Rudolf Fendler, Johann Casimir von Häffelin 1737-1827. Político da História, da Igreja, diplomata e cardeal (*Quellen und Abhaandlungen zur mittelrheinischen Kirchengeschichte*, 35), Mainz 1980, p. 95-107; Karl Hausberger, *Staat und Kirche nach der Säkularisation*. Sobre a política da concordata bávara no 19 século iniciante (Münchener Theologische Studien, I. Hist. Abt., 23), St. Ottilien 1983, p. 135-155; Otto Weiss, *Die Redemptoristen in Bayern*. Uma contribuição para a História do Ultramontanismo, St. Ottilien 1983, p. 10-13.

[92] Cf. Hofer (como a nota 87), Hofbauer, 283s.

[93] Fala-se muito que o autor da "Positio" foi propriamente o Pe. Smetana.

[94] Cf. *MH XI*, Torun 1939, 58, 207s.

Causa, o Cardeal da Cúria Carl August Graf Reisach,[95] que devia saber bem melhor, falou que Hofbauer "combateu as aspirações cismáticas que tinham como objetivo a formação de uma efetiva igreja nacional alemã independente do Papa". Com isso, ele estaria no início de uma evolução que na Áustria culminaria com a conclusão da "concordata austríaca".[96]

Durante mais de cem anos – até nossos dias – essa construção de fatos foi contada e recontada com grande entusiasmo pelos biógrafos de Hofbauer, que não se deram ao trabalho de consultar a literatura respectiva.

---

[95] Karl August conde von Reisach (1880-1869) nasceu em Roth (Nürnberg), faleceu no convento redentorista em Contaminesur-Arve (Savoyen), estudou no Germânico em Roma; em 1836, bispo de Aichstätt; em 1841, coadjutor do arcebispo de Munique e Freising; em 1846, arcebispo; em 1855, removido para Roma como cardeal da cúria. Otto Weiss, *Die Redemptoristen* (como a nota 91), passim; Erich Garhammer, *Die Erhebung von Erzbischof Reizach* para Cardeal. Günde – Hintergründe – Konsequenzenm, em *Römische Quartalschrift* 81 (1986), p. 336-341; O mesmo, *Seminaridee und Klerusausbildung be Karl August Graf Reisach. Eine pastoral-theologische Studie zum Ultramontanismus des 19. Jahrhunderts*, Stuttgart 1990; o mesmo, *Die Regierung des Erzbischofs Kar August Grafen von Reisach (1846-1856)*, em Georg Schwaiger (hg.), *Das Erzbistum München und Freising im 19. Jahrhundert*, München 1991, 75-116.

[96] Carolus de Reisach, *Vindebonen. Beatificationis et canonizationis Servi Dei Clementis Mariae Hofbauer Sacerdotis Professi e Congregatione Sanctissimi Redemptoris ac Propagatoris insignis ejusdem Congregationis ultra montes. Positio super dúbio: An sit signanda comissio introductionis causae et ad effectum de quo agitur?*, Romae 1866. Cf. *Il primo centenário della beata morte di San Clemente M. Hofbauer, propagatore insigne della Congregazione del SS. Redentore*, Roma 1920, 571.

3. Hofbauer e os românticos

Uma terceira interpretação: Ela se encontra, sobretudo, nos escritos da virada do século XIX para o século XX, mas ainda não morreu. Hofbauer é apresentado e cercado de escritores e artistas aos quais orienta não somente para a vida, mas também para a literatura. Isso aparece então nos artigos e livros com os títulos seguintes: São Clemente Maria Hofbauer, reformador da literatura, 1910; O apostolado do livro de um santo; Méritos de São Clemente Maria Hofbauer na literatura católica, 1912; Clemente Maria Hofbauer, o santo do romantismo, 1927; Clemente Maria Hofbauer, o "pai do romantismo", 1951.[97]

Além de questionáveis essas afirmações, devem ser entendidas a partir do contexto de onde saíram. É pouco depois de 1900. Em toda a parte na Alemanha se falava da inferioridade cultural e literária dos católicos.[98] Era preciso acontecer algo para reverter esse quadro. Surgiu um movimento literário católico tendo Munique e Viena como centros.

---

[97] Adolf Innerkofler, "Der heilige Klemens Maria Hofbauer als Literaturreformator", em *Der Gral* 4 (1910) 297-302; Fritz Flinterhoff, *Das Literaturapostolat eines heiligen, Verdienste des heiligen Klemens Maria Hofbauer um die katholische Literatur*, Paderborn 1912; Heinrich Güttenberger, *Klemens Maria Hofbauer , Der Heilige der Romantik*, Wien, 1927; Leopold Johann Wetzl, *Klemens Maria Hofbauer, der "Vater* der Romantik". Ein Buch von Gestalten und Orten um den Heiligen, Wien, 1951 (Manuskript, Prov. Archiv Wien).

[98] Cf. Martin Baumeister, *Parität und katholische Inferiorität im Deutschen Kaiserreich*, Paderborn 1987.

À frente em Munique estava Karl Muth[99] com a revista "Hochland"; em Viena, Richard Kralik com a revista "Der Gral". Kralik[100] se viu e viu seu esforço realizado no assim

[99] Carl Muth (1867-1944), literato católico, fundador e editor da revista católica de cultura. Hochland. Sobre ele, ultimamente: Manfred Weitlauff, "'Modernismus litterarius'. Der katholisch Literaturstreit 'Hochland' und die Enzyklika 'Pascendi dominici gregis' set. 1907", em *Beiträge zur altbayerischen Kirchengeschichte*, 37 (1988) 97-175; Otto Weiss, *der Modernismus in Deutschland. Ein Beitrag zur Theologiegeschichte*, Regensburg 1995, 457-473.

[100] Richard Kralik Ritter von Meyrswalden (1853-1932) nasceu em Eleonorenhain (Südböhmen), faleceu em Viena, 1876. Doutor em Direito, poeta, "filósofo" e crítico da cultura, desde cerca de 1880, mudança para um catolicismo consciente e descoberta do "romantismo católico". Desde 1890 reuniram-se junto dele literatos católicos que, em 1905, formaram a "aliança do Gral". A revista de cultura "Der Gral" serviu para propagar seu romantismo nacional/religioso e suas convicções sobre a supremacia da cultura católica. Era decisiva, não somente a sua profissão de fé católica, como também a convicção de que toda a reforma da cultura devia partir da Igreja. Por isso a disputa com Carl Muth, que sustentava o valor próprio da cultura e literatura, independente da religião ("Katholische Literaturstreit"). Kralik compôs inumeráveis obras literárias, filosóficas e históricas, geralmente com duas e três edições. Hans Maria Truxa, *Tichard von Kralik. Ein Lebensbild*, [4]Wien und Leipzig 1906; Alexander Baumgartner, *Die Stellung der deutschen Katholiken zur neueren Literatur*, Freiburg i. B. 1910; Adolf Innerkofler, Richard von Kralik. *Eine Studie*, Baden-Baden 1904, Wien [2]1912; Wilhelm Öhl, "Richard von Kralik", em *Die Kultur* 13 (1912), 385-410; Josef Pfeneberger, *Kralik oder Muth? Ein Wort zum kathlischen Literaturstreit der Gegenwart*, Frankfurt 1910; Karl Kraus, "Kralikstag", em *Die Fackel* 601 (novembro 1922), 108-132; Anselm Salzer, *Illustrierte Geschichte der deutschen Literatur von denältesten Zeiten bis zur Gegenwart V*, [2]Regensburg 1932, 2183-2186; Maria Dobrawski, *Richard Kralik und das Puppenspiel*, Wien 1952; M. Mikoletzki, "Kralik", em *Neue Deutsche Biogra-*

chamado "Romantismo Católico", conforme uma alta cultura alemã ligada com a Idade Média e enraizada no povo, que ele procurou reavivar em sua pátria, a Áustria, sobretudo em Viena.[101]

Nessa relação de Kralik e seus companheiros, estão pontuados não somente um Friedrich Schlegel ou um Clemente Brentano, mas sobretudo Clemente Maria Hofbauer, como o grande incentivador de uma genuína literatura católica; tanto ela desenvolve papel decisivo que o íntimo amigo[102] de Kralik, o redentorista Pe. Adolf Innerkofler e seu primeiro biógrafo, é também biógrafo de Hofbauer.

Com essa breve indicação, voltemo-nos para Kralik e seu círculo e tentemos perguntar também aqui se a perspectiva que localiza Hofbauer entre os "românticos" corresponde ao Hofbauer real. Para isso, parece importante deixar bem claro qual era o discurso no tempo do romantismo, isto é, o que se entendia por romantismo.

---

phie 12 (1980) 663-666; Alfred Stachelberger, *Richard Kralik, Der grosse Kultur-Geschichts – und Dicherphilosoph. Ein fast vergessenes Säkulargenie, Wiener Kath.* Akademie, Miscellllania, Dritte Reihe, n. 56, Wien 1985; Weitlauff, "Modernismus litterarius"(como a nota 99); Wiss, Der Modernismus (como a nota 99: Judith Beniston, *Welttheater. Hugo von Hofmannsthal, Richard von Kralik and the aRevival of Catholic Drama in Áustria, Germanist. Dissert.,* London 1998.

[101] Cf. Richard Kralik, *Das neunzehnte Jahrhundert als Vorbereitung und Erneuerung eines religiösen Kultur,* Wien 1905.

[102] Cf. Friederike Valentin, *Pater Adolf Innerkofler (1872-1942),* sacerdote, pregador popular, escritor, theol. Dissert., Wien 1975, 9, 81

Sem pretenderem ser completos, seguem alguns pontos marcantes,[103] visando menos uma dissertação literário-científica do romantismo do que, muito mais, a sentimentalidade ou a mentalidade dominante no tempo do romantismo.

Deixemos, portanto, aos entendidos a definição da categoria literário-histórica do "Romantismo" (uma como que "reação" ao clássico) e tentemos, com alguns pontos marcantes, explicar o que naquele tempo (no tempo de São Clemente) se entendia por "espírito do tempo", portanto, a estrutura mental do tempo, ou – se quiserem – o discurso dominante na cultura, na arte, na ciência e filosofia, no entender da sociedade, do Estado e da Igreja.

---

[103] Na exposição sobre o romantismo orientou-nos entre outros: Philipp Funk, *Von der Aufklärung zur Romantik. Studien zur Vorgeschichte der Münchener Romantik*, München 1925; Hans Grassi, *Aufbruch zur Romantik. Bayerns Beitrag zur deutschen Geistesgeschichte 1765-1785*, München 1968; Ernst Behier, "Kritische Gedanken zum Begriff der europäischen Romantik", em *Europäische Romantik*, Frankfurt 1972; Hans Eichner, *The European History of a Word*, Toronto 1972. Anders H. Korff, *Geist der Göthezeit. Versuch einer ideellen Entwicklung der klassisch/romantischen Literaturgeschichte. IV Teil, Hochromantik*, Leipzig 21958, 1-16. Para o assim chamado "katholischen Romantik" sintetizando finalmente: Josef Schreier, "Die katholische deutsche Romantik – Gestalten und Probleme", em Emerich Coreth e outros, *Christliche Philosophie im katholischen Denken des 19. Jahrunderts 20 Jahrhunderts*, vol I: Neu Aansätze im 19. Jh., Graz-Wien-Köln 1987, 127-147. Não podemos entrar aqui na discussão sobre o sentido do Romantismo, muito controvertida. Mas indicamos enfaticamente as considerações dignas de reflexão do Revmo. P. Kistermann: Abraham K. P. Kustermann, *Romantik II Theologiegeschichtlich*, em : *LThK3* 8 (1999), p. 1270-1273.

199

Não deixaremos passar despercebido que, na época do romantismo, como em cada época, os discursos mudavam de sentido, temas deixados no tempo do Iluminismo eram retomados e acompanhados como antônimos, resultando mudanças de sentido; o que procurávamos entender com o conceito "romântico" nas manifestações humanas, em outros lugares, tinha sentidos bem diversos. Tanto depois como antes, no terreno da língua alemã, deveremos firmarnos idealmente em duas fases principais do "romantismo": o romantismo iniciante com seus centros em Dresden, Jena e Berlim, e o romantismo tardio (chamado "romantismo católico científico" em Munique e "romantismo católico político" em Viena). Visto pelo aspecto ideal-típico, a primeira fase fazia-se conhecida pela exteriorização da subjetividade e do sentido pessoal (também do sentimento religioso), como pela valorização positiva do irracional, do "lado escuro" da vida,[104] da fantasia, do sonho, do inconsciente, do feminino, do materno, do terreno, da mística – no sentido mais amplo da palavra –; enquanto na segunda fase, sem que se perca em importância o que foi dito até agora, seguiu-se uma nova virada para o objetivo. Contudo, seu discurso fundamental pode ser entendido como uma tentativa para vencer a solidão do homem atual que reverteu sobre si mesmo, recolhendo-se no último refúgio, nas amplas disciplinas e nos com-

---

[104] Cf. Gotthilf Heinrich Schubert, *Aansichten von der Nachtseite der Naturwissenschaft*, Stuttgart 1808, [3]1835.

promissos. Com outras palavras: Essa fase leva para o tempo da restauração, se as idéias e sociedades forem meditadas no terreno histórico.

É mencionada nesta resenha, junto com os sistemas filosóficos do idealismo alemão, a valorização do espírito dos povos oriunda do filósofo Herder e de sua vocação histórica (romantismo político, especialmente na Áustria e Itália, mas também em Görres), a importância do orgânico-vivo e a penetração do pensamento do organismo no Estado e na sociedade, a reavaliação da História, inclusive da História das religiões (Indologia), ligando com isso a preocupação com os mitos dos povos,[105] finalmente também uma nova virada para a Igreja como instituição, precisamente a católica, que mediou apoio e refúgio em face da "desestruturação" e ruptura da pessoa humana, experimentadas nos horrores da revolução e no caos das guerras napoleônicas, onde, em nome da razão e da liberdade, foram praticados horrores e barbaridades.[106] Acrescente-se aliás que a visão da Igreja pelo ângulo dos intelectuais católicos no tempo

---

[105] Sobre esse assunto, mais pormenores no meu trabalho: Der Ort der "Christlichen Mystik" nas obras completas de Görres e no pensamento de seu tempo. Tentativa de uma aproximação, em Harald Dickerhof (ed.), Die "Christliche Mystik" de Joseph Görres (provavelmente 2001).

[106] Thomas Nipperdey escreve: "Os horríveis e conturbados destinos dos 25 anos de revolução e guerra, morte e 'salvação' também, não ficaram mais esclarecidos para muitos no sentido de suportá-los estoicamente, mas deram a entender o antigo significado religioso, conforme o qual o destino de cada um está sob a disposição e direção de Deus". Cf. Thomas Nipperdey, *Deutsche Geschichte 1800-1866*, München ³1985,

do romantismo não correspondeu incondicionalmente à evidência eclesial contida na teologia escolar e no dogma.

Aqui está também o lugar de Hofbauer. Ele não criou o romantismo, não é o "pai do romantismo", como também não é o "reformador da literatura". Mas percebeu intuitivamente que o movimento romântico batia em vários pontos com suas idéias e o associou a sua pastoral. A conversa de Hofbauer e dos "católicos reformadores" com os românticos estimulados por ele era uma conversa de dois grupos distintos, cultural e mentalmente, com objetivos diferentes, que, no entanto, apresentavam numerosos pontos de contato e interesses comuns. Ambos estavam empenhados em achar a "dimensão emocional do ser humano", a "síntese da razão e do sentimento".[107] Contudo, há entre os assim chamados "românticos" de modo geral – como protesto contra a absolutização da luz da razão e do senhorio total do homem violento – a escuridão no primeiro plano, o reencontro da intuição, do sentido, da noite, da terra, da mulher e mãe que gera e acolhe;[108] em Hofbauer, porém, vai-se

404-440. Uma expressão eloqüente dessa conduta fundamental é a poesia de Brentano "Die Gottesmauer", mesmo se acontece antes ainda da virada "católica" de Brentano. Wolfgang Früwald, *Das Spätwerk Clemens Brentanos (1815-1845)*, Tübingen 1977, 116-126.

[107] Cf. Thomas Döker, *Klemens Maria Hofbauer im pastoralen Zeichen. Diplomarbeit an der Rheinischen Friedrich-Wilhelms-Universität Bonn*, Bonn 1995, p. 60-68.

[108] Cf. entre outros, Kurt Leese, *Die Krisis und Wende des christlichen Geistes. Studien zum anthropologischen und theologischen Problem der Lebensphilosophie*, Berlin 1932, passim.

concretamente para a prática da fé católica tradicional sim, mas também se quisermos, a ela pela mulher, ou seja, pela mulher e mãe, visível na mulher Igreja como em Maria, sua primeira imagem.[109] Sobretudo, trata-se de uma prática da religião, em cujo centro não existe só religião da razão, mas uma fé viva, que abrange a pessoa inteira com espírito e alma e corpo, com canto e música de orquestra, com flores e velas ardendo.[110] Isso é bem outra coisa do que a batalha acirrada de Hofbauer contra o Iluminismo, descrita por muitos biógrafos; é a vitória sobre uma absolutização unilateral da razão, também na teologia e na prática pastoral.

Até aqui, alguns representantes do romantismo tardio, como os irmãos Passy, mas especialmente Friedrich Schlegel e Adam Heinrich Muller, no cristianismo[111] e na Igreja Católica, esperando encontrar a síntese, uma síntese que também

---

[109] Expressão que Hofbauer repetia freqüentemente: "Quem não tem a Igreja por mãe, não pode ter Deus por Pai". *MH* XI, Torun 1939, p. 238. É conhecida a devoção de Hofbauer para com Maria, e não devia ficar esquecida (justamente em nosso "pós-modernismo").

[110] Para isso, existe numerosa documentação nos *MH*. Cf. também Adam Owczarski, "Die seelsorgerliche Tätigkeit der Redemptoristen", na igreja de São Beno, em Varsóvia (1788-1808), em *SHCSR* 43 (1995), 291-335, aqui 306-310.

[111] O "Cristianismo em sua força de união total" era a divisa do Instituto de Educação planejado em Viena por Adam Müller e Hofbauer. Era também a divisa do romantismo vienense. Cf. Eduard Winter, "Differenzierungen in der katholischen Restauration in Österreich", em *Historisches Jahrbuch* 52 (1952) 442-450, p. 443.

possa ser entendida como síntese entre o Iluminismo e o Romantismo, ofereceram pontos de contato para Hofbauer que, como conselheiro, confessor e amigo, levou avante não apenas para fins puramente estéticos.[112] Num trabalho teológico para diplomação escolar sobre Hofbauer pastoralista, está escrito: "Clemente Maria Hofbauer (...) pertence às pessoas da recente História da Igreja que estavam numa situação exemplar histórica e culturalmente falando, na qual o Iluminismo europeu navegava em correntes subjetivistas. Formou intuitivamente o lugar no qual as duas correntes, a razão objetiva e o sentimento subjetivo, caminharam para uma unidade convincente. Hofbauer mediou constantemente para seu campo de ação, sua atividade pastoral, essa síntese presente em seu próprio estilo de vida *(modus vivendi)*".[113] Esses pensamentos merecem ser repensados no que diz respeito a esse entrelaçamento da razão e da intuição, "Iluminismo" e "Romantismo", na pessoa de Hofbauer, como era intuitiva a "cura pastoral" de Hofbauer e a continuada aplicação de seu "estilo de vida" – e, deveríamos acrescentar, de seu próprio "jeito de crer" – no pastoreio.

Com isso, é bom deixar claro o modo como se deve encarar o relacionamento de Hofbauer com o "romantismo". Hofbauer era o apoio espiritual de alguns literatos e "românticos" vienenses. Ele os animava a escrever, pois achava que podia com isso

---

[112] Döker, *Klemens Maria Hofbauer* (como a nota 107), 60-68.
[113] Id., 5.

prestar um serviço à fé e à Igreja. Mas não foi nem reformador da literatura e nem partilhou simplesmente de todas as idéias e imaginações dos "românticos". Dever-se-á dizer, isso sim, que reuniu a piedade popular sadia, "Iluminismo" e "Romantismo", numa síntese "genial" e instintiva; mais, deve-se acentuar que ele se voltou tanto contra o racionalismo frio na fé e na piedade, como contra o domínio "românico" do sombrio, misterioso, místico. Extremamente alérgico a isso, reagia a todo o tipo de misticismo, de aparições, de visões e êxtases, igualmente em seu discípulo Sabelli,[114] ou o filósofo Schlegel,[115] ou o grande bispo Sailer,[116] ou em quem ele julgasse contagiado.

[114] P. Johann Sabelli (1780-1863) morou em Amden (St. Gallen) de 1809 até 1863, como capelão. Lá ele ficou conhecendo uma senhora que tinha momentos de êxtase, filha de Müller, cujas visões tornaram-se conhecidas em Viena entre as Ursulinas, depois que Hofbauer o trouxe para lá em 1813, como secretário. Morava com as Irmãs uma polonesa extravagante que se sentiu atraída por Sabelli. Por isso Hofbauer estava descontente com ele. Cf. testemunha Johann E. Veith, *MH* XI, Torun 1939, 39. Cf. testemunha Thaddäa Taxböck, ib. 123s., 134. Sobre Sabelli também Adolf Innerkofler, *Der heilige Klemens Maria Hofbauer*, [2]Regensburg 1913 (como a nota 69), 748s.; *SHCSR* 2 (1954), 297-300; *SHCSR* 7 (1959), 55-67; *SHCSR* 9 (1961), 154-165.

[115] Trata-se de um ceticismo de Hofbauer perante o entusiasmo de Friedrich Schlegel pelo "mesmerismo". Cf. Johann Emanuel Veith para Sebastian Brunner, em Brunner, *Hoffbauer* (como na nota 30), 271 (MH XII, 246). De fato, após a morte de Hofbauer, Schlegel sentia uma notável atração "magnética" pela visionaria Christine Stransky (1785-1865), nasceu von Schleich, desde 1806 casada com o cavaleiro do império Franz Otto von Stranski auf Stranska e Greiffenfels. Cf. Max Rottmanner, *Friedrich Schlegels Briefe an Frau Christine von Stransky*, Wien, 1907.

[116] Do parecer de Hofbauer sobre Sailer se deduz que ele desaprovava particularmente sua simpatia pelo Movimento de revitalização do

Aqui aparece uma qualidade de Hofbauer que um dos primeiros biógrafos apontou especialmente: Hofbauer talvez

"pietismo" dos Absburgos. Lastimava especialmente que Sailer tinha uma discípula que "até ouvia confissões". Cf. o parecer de Hofbauer sobre Sailer, *MH* XII, 258; *SHCRS* 7 (1960), 72. Trata-se da "confissão ad pedes föminae" (testemunhada em outra parte), i.e., a confissão com a "mãe espiritual", a empregada Theres Erdt (1771-1856) que várias vezes ficava em Seeg na casa do pároco Johann Michael Feneberg (1751-1812), anteriormente co-noviço e amigo de Sailer, e mais tarde gerou filhos para o "desperto" pároco Johann Baptist Langenmayer (1771-1856) como sua arrumadeira, que Sailer abençoava. Sailer deve ter sido "despertado" por ela. Hildenbrand Dussier, Johann Michael Feneberg e o movimento renovador Allgäuer. Uma contribuição histórico-eclesiástica extraída das fontes para a geografia local do movimento Allgäus, Kempten-Nurnberg 1959, 143-151, respect. 144. Sobre Langenmayer: id. 120-124; Sobre a bênção de Sailer sobre os filhos de Langenmayer informa Jacob Salat, *Versuch über Supranaturalismus und Mysticismus*, Sulzbach 1823, 475s. Sailer mesmo deve ter sido "despertado" por Theres Erdt. Sobre isso se encontra em Dussler o seguinte relato: "Dia 18 de dezembro de 1796, no quarto domingo do Advento, o capelão Martin Boos (1762-1825) foi visitar Johann Michael Feneberg, na casa de Sailer em Seeg, em companhia das 'despertadas' Theres Erdt e Madalena Fischer. Nisso aconteceu o despertar de Fenebergs e talvez também de Sailer". As mulheres incentivaram Sailer, dizendo que não devia deixar-se guiar tanto por sua razão, mas somente pelo Senhor. Dias depois Sailer escreveu: "Deus dedit mihi inexplicalbilem animi quietem, non dubito quin Dominus in sussuro venerit, vel jam adsit. Quod Joannes aqua, Christus vero spiritu baptizet" (Deus me deu uma inexplicável tranqüilidade de alma; não duvido de que o Senhor virá num sussurro ou já está aqui. O que João batizou com água, Cristo batize no Espírito). Seguiu-se uma crise religiosa. No início de fevereiro de 1797, começou a investigação do consistório dos Absburgos contra Boos, Feneberg, Maagdalena Fischer e outros membros do movimento. Aí entrou na conversa também o "despertar" de Sailer. Dussier, 79s., 87, 145, 153s. (com numerosa documentação tirada das fontes).

não tenha estudado muito, contudo foi um homem de inteligência aguda e julgamento claro.[117] O discípulo de Hofbauer Johann Emmanuel Veith mais tarde dirá: "Não tenho fé a cor do carvão, nem fé 'escurecida', pois Jesus Cristo não disse: Eu sou a escuridão do mundo, mas a luz do mundo".[118] Veith acentuou sempre a prudência de Hofbauer como uma de suas principais qualidades.[119] Lembrou sempre que Hofbauer jamais quis enganar as pessoas, mas fazê-las pensar. Ele também sabia e sempre repetia: "Quem quer levar as pessoas a pensar, faz delas seus inimigos. Todos querem ser valorizados como bem entendidos".[120] Isso ele fala antes do Hofbauer "iluminista" do que do "pai do romantismo".

---

[117] Rudolf von Smetana, *Leben des Dieners Gottes P. Clemens Maria Hofbauer, Generalvikar der Comgregation des allerheiligsten Erlösers ausser Italien*. Edit. Por Michael Haringer, sacerdote da mesma Congregação, Wien 1864, 7.

[118] Johann Emanuel Veith, *Eine harmlose Exhorte an die Plenarversammlung des Katholikenvereins*, dia 1º de agosto, em Aufwärts n. 11 (9 agosto 1848), 93-96.

[119] Cf. Testemunha Johann E. Veith, em *MH* XI, Torun, 1939, 35.

[120] "Já o veneravel P. Hofbauer, um gênio na Ética, repetia freqüentemente: "Quem faz os homens pensarem, está fazendo inimigos. Eles não querem entender". Veith para Vinzenz Knauer (depois de 9.9.1875), Arquivo da abadia, Viena. Semelhantemente: "No que Günther não acreditava como ingenuidade, mas Pe. Hofbauer sabia, tanto assim que costumava dizer: "Quem leva as pessoas para pensar, está angariando inimigos. Contudo, todos querem passar por muito entendidos". Veith para Knoodt, 6 de janeiro de 1876. Obras póstumas Knoodt, arquivo dos velhos católicos do bispado de Bonn. Semelhantemente: Johann Heinrich Löwe, Johann Emanuel Veith. Eine Biographie, Wien 1879, 76. Sobre Knauer (1828-1894):

4. Conclusão

Como conclusão, quero apontar algumas entrelinhas da conferência e também algumas perspectivas, por ventura, esquecidas.

Falo do Hofbauer religioso e redentorista que, apesar de todas as resistências, permaneceu fiel a sua vocação e jamais perdeu de vista seu objetivo: difundir a Congregação Redentorista. Infelizmente alguns biógrafos esqueceram completamente que ele, também em Viena, foi primeiramente redentorista e religioso. A interpretação proposta por mim de sua moradia em Viena como sendo um "convento aberto" poderia ser muito interessante hoje.[121]

Chamo Hofbauer o homem de fé. Uma imagem que no passado foi talvez usada até o exagero, mas me parece importante também para hoje. Falou-se que sua fé foi espontânea, imbatível, como tem sido comumente o caso naquele tempo. Contudo, ele disse que não podia entender como

Joseph Pritz, "Zur Geschichte der philosophisch-theologischen Schule Anton Günthers", em *Festschrift Franz Loidl*, 3 volumes (Christentum und Kultur), II editado por Victor Flieder-Elisabeth Kovacs, Wien, 1970, I, 105-123, aqui 113.

[121] Cf. Otto Weiss, "Klemens Maria Hofbauer – Ordensmann und Redemptorist – auch in seinen Wiener Jahre 1808-1820", em *SHCSR* 39 (1991), 41-98. A atividade incansável de Gründer também mostra como estava tão ligado a sua Congregação. Daí meu estudo: "Gründungsversuche der Redemptoristen in Deutschland und der Schweiz in den Jahren 1790-1808", em *SHCSR* 47 (1999), 279-306.

um homem pode viver sem fé. Seria como um peixe fora da água.[122] Ele nunca conheceu uma crise de fé, como a que o bispo Sailer deve ter passado.[123] Não sei se podemos dizer assim. Sua fé certamente foi amadurecendo nos longos anos que medeiam entre a despedida de Tasswitz, aos 16 anos de idade, e sua entrada na congregação dos redentoristas, os anos de seu longo "noviciado", como eremita,[124] como nos anos de estudo. Será que teve crises de fé nesses anos? Aparentemente não, e repetiu, contudo, diversas vezes esta frase: "A gente deve ser humilde. Caso contrário, a palavra de Deus fica parecendo uma fábula".[125] Não posso imaginar que, atrás de uma frase assim, não esteja uma experiência pessoal. Mas, com certeza, deve-se vê-lo nesta outra expres-

---

[122] Testemunha Thaddäa Taxböck, *MH* XI, 111. Semelhantemente, as testemunhas Laurenz Greif, Franziska Plaszka, Friedrich Rinn S.J. e outros, id. 51, 101, 248s. e passim. Semelhante já Pösl: "Ele possuía uma fé tão clara que não entendia como pôde duvidar em coisas da religião". Pösl, Hofbauer (como a nota 4), 91.

[123] Em Sailers Glaubenskrisen, cf. Hubert Schiel, *Johann Michael Sailer*, Leben und Briefe, 2 vol., Regensburg 1948-1952, vol. I, 56, 46ss., 277, 289ss.

[124] Cf. Fabriciano Ferrero, "San Clemente Maria Hofbauer C.Ss.R. y el eremitismo romano del siglo XVIII y XIX", em *SHCSR* 17 (1969), 129-209; 330-370; o mesmo, "Significado del eremitismo en la vida y em la espiritualidad de San Clemente", em *Ser Redentorista segun San Clemente Hofbauer (Espiritualidad Redentorista, 4)*, Comisión de Espiritualidad C.Ss. R., Santafé de Bogotá 1994, 97-108. Cf. também Louis Vereecke, "La spiritualité de Saint Clement Marie Hofbauer", em *SHCSR* 31 (1983) 103-123, aqui 103-115.

[125] Pösl, Hoffbauer (como nota 4), 62s.

são: Quando um estudante lhe revelou suas dificuldades de fé, Hofbauer não começou a fazer-lhe um discurso científico sobre a fé, mas disse: "Reze! Vá comungar! A luz deve vir do interior".[126] À primeira vista pode parecer secundário o fato de Hofbauer ter usado aqui uma metáfora peculiar no Iluminismo. Quem ilumina, quer fazer luz, claridade, esclarecer. Mas o Hofbauer "iluminista" não está pensando aqui na luz da razão, mas na luz da fé, no encontro com aquele que se denominou a Luz do mundo (não "a escuridão do mundo").

Uma outra interpretação de Hofbauer: o homem da esperança, o homem da confiança inabalável em Deus, não obstante todas as desilusões e revezes.[127] Um homem que era capaz de esperar pelo momento exato, pelo Senhor que salva. Mesmo de um autor nazista como Klaus Hermann

---

[126] Id., 95.

[127] Aqui basta indicar a expressão de Hofbauer: "Coragem somente! Deus dirige tudo..." Trata-se da transcrição de uma frase de uma carta de Hofbauer à comunidade redentorista de Varsóvia (Babenhausen, 16.8.1806). A carta, com outros documentos em 1808, foi confiscada pelas autoridades francesas e traduzida. A tradução francesa se encontra hoje no arquivo nacional em Paris: *MH* VI, Torun 1932, 26s. Cf. também Josef Donner, *Josef Steinle, Nur Mut! Gott lenkt alles*, München 1983, aqui 3. Hofbauer se expressava amiúde de maneira semelhante. Dizia assim freqüentes vezes: "Não desanime, confie em Deus!" Testemunha Thaddäa Taxböck, *MH* XI, Torun, 1939, 13. A frase "Deus dirige tudo", que Hofbauer tinha "quase sempre na boca, também foi transmitida pelas testemunhas Thadäa Taxböck e Josepha Bieringer, id., 114, 162.

Ganzer, que só tinha palavras de zombaria para Hofbauer, foi arrancada esta palavra de elogio: "Faz parte dos traços dominantes no caráter de Hofbauer jamais ter sentido vertigem (de orgulho), quando atingia o ponto culminante de uma grande obra, e nunca se ter afundado no desespero se o plano ou a iniciativa fracassavam. Com toda a 'incansabilidade' de sua atuação, ele possuía a capacidade de esperar pela hora certa".[128]

No final dessas considerações, poder-se-ia talvez acrescentar que sempre existem alternativas, mesmo antônimos, para os quais havia interpretações predominantes. O exemplo que mais se ajusta aqui se encontra na seqüência de Johann Emmanuel Veith – na biografia de Veith –que o filósofo e güntheriano Johann Heinrich Löwe[129] escreveu. Num tempo em que o direcionamento estreito na Igreja romana atingiu o auge no século XIX e os intérpretes autorizados de Hofbauer, liderados por Michael Haringer, tudo faziam

---

[128] Karl Richard Ganzer, *Der Heilige Hofbauer. Träger der Gegenreformation im 19. Jahrhundert* (Schriften des Reichsinstituts), Hamburg 1939, 39.

[129] Johann Heinrich Löwe (1808-1892), de uma família de comerciantes de Praga, günteriano, aparentado com Veith, 1831 prof. de Filosofia no Liceu em Salzburgo, 1851 (por mediação do cardeal Schwarzenberg) na Universidade de Praga. Paul Wenzel, *Das wissenschaftliche Anliegen des Güntherianismus. Ein Beitrag zur Theologiegeschichte des 19. Jahrhunderts*, Essen 1961, 118s. Joseph Pritz, *Zur Geschichte der philosophisch-theologischen Schule A. Günthers. Briefe A. Günthers an den Philosophen J. H. Löwe*, em Flieder – Kovacs, Fesschrift Loidl (como na nota 120), I, 204-255.

para apresentar seu herói como ultramontano e integralista, é delineado por Löwe e outros como um cristão aberto, "de grande liberalidade no tratar questões religiosas",[130] convencido de que "embora o conteúdo da doutrina deva permanecer sempre o mesmo e imutável, a casca na qual é oferecido pode ser outra conforme o tempo e as circunstâncias, e que um tempo novo nesse contexto pede também novas formas".[131] E enquanto Michael Haringer rejeita decididamente como inautêntica a frase de Hofbauer recolhida por Friedrich Perthes,[132] segundo a qual a reforma veio "porque os alemães querem (precisam) ser piedosos",[133] é para Löwe

---

[130] Johann Heinrich Löwe, *Johann Emanuel Veith. Eine Biographie*, Wien 1879, 74.

[131] Id., 76.

[132] Friedrich Christoph Perthes (1772-1843), editor, de Rudolfstadt, Fundação de uma livraria em Hamburgo 1796; 1797 casamento com Caroline Claudius (filha de Matthias Claudius); 1822 Mudança para Gotha e Fundação da Editora Perthes. Perthes estava sempre em contato com numerosas personalidades importantes, seu interesse especial voltava-se para as relações políticas e religiosas. Perthes pode ser considerado predecessor do ecumenismo. Sobre ele: Clemens Theodor Perthes, *Friedrich Perthes Leben. Nach dessen schriftlichen und mündlichen Mittheilungen aufgezeichnet*, 3 vol., Gotha 1855-1856.

[133] "O que Perthes conta mais tarde (...) ressente-se tanto de verdade interna, que não devemos fazer uso disso." Haringer, Hofbauer (como na nota 37, 302). Ricard Kralik ainda em 1921 argumentou semelhantemente numa publicação: "As palavras de Hofbauer, que ele impossivelmente deve ter dito nesse sentido, significariam uma total justificativa para Lutero e os alemães apostatados com ele. Elas devem ter desaparecido para sempre de uma biografia crítica da vida do santo, porque é impossível

uma prova do caráter aberto de Hofbauer e do "amor que caracterizava a nota dominante de sua vida".[134]

Eu gostaria de apresentar uma suposição. Quando comparo a biografia do Pe. Pösl de 1843 com a do Pe. Heinzmann de 1986, tenho a seguinte impressão: Voltamos para os inícios e vamos deixando sempre mais de lado as ideologias dos últimos dois séculos. Penso que isso é muito bom, porque assim vamos aproximando-nos cada vez mais do Hofbauer histórico. E talvez seja isso exatamente – o cuidador da alma e do corpo, o zelador da vida – de que nossa realidade está precisando mais, não obstante as circunstâncias terem mudado.

E mesmo que as perspectivas mencionadas digam pouco para alguns, não significa que precisamos abandonar Hofbauer completamente. Pelo contrário. Justamente a circunstância de termos dificuldades com sua figura pode ser um estímulo para tomar novas perspectivas, um estímulo para ganhar um novo ângulo de visão, um novo "enfoque" e, com isso, uma nova aproximação de sua pessoa.

A pessoa de Hofbauer, mesmo com todos os seus aspectos humanos – que estão no centro das interpretações dos

que tenham sido proferidas dessa forma...". Richard Kralik, "Der hl. Klemens und die Rekatholisierung der Welt", em *Das neue Reich* 3 (1921), 794-796. Pela autenticiade da frase, como primeiro biógrafo do santo: Hofer, Hofbauer (nota 87), 38.

[134] Löwe, Veith (como na nota 130), p. 74-76.

213

biógrafos atuais, talvez até demais –, é de tal amplitude e de tal riqueza que está aberta para muitas interpretações; não se pode sequer aceitar a idéia de que nada existe em sua pessoa e em sua atuação que não nos possa solicitar.

Ficha biográfica de São Clemente Maria Hofbauer

26.12.1751 – Nascimento de João Hofbauer em Tasswitz, perto de Znaim. Seus pais: Paulo Hofbauer, tcheco; Maria Steer, alemã. Tinham pequena propriedade rural.

1767 – Três anos de escola com o mestre padeiro Dobsch, em Znaim.

1770-1774 – Padeiro e estudante operário na abadia de Klosterbruck, perto de Znaim.

1775 – Eremita em Mühlfrauen e em Tivoli, perto de Roma. Padeiro em Viena. Romarias e peregrinações.

1780-1781 – Formação catequética em Viena.

1783-1784 – Estudo de Teologia na Universidade de Viena.

24.10.1784 – Em Roma: Entrada na Congregação Redentorista, com Tadeu Hübl.

19.3.1785 – Emissão dos votos religiosos.

29.3.1785 – Ordenação sacerdotal.

1785-1786 – Estudo de Catequese em Viena.

3.2.1787 – Chegada a Varsóvia. Início de uma grande atividade pastoral na igreja de São Beno ("missão perpétua").

1795 – Repetidas tentativas de abrir fundações redentoristas na Alemanha e na Suíça. A maioria delas durou pouco tempo.

1797-1798 – Fundação em Wollerau (Suíça).

1802-1806 – Fundação no Monte Tabor perto de Jestetten.

1805-1807 – Fundação em Triberg (Schwarzwald), Babenhausen e Chur.

1807 – Volta para Varsóvia.
4.7.1807 – Morte do Pe. Tadeu Hübl.

20.6.1808 – A comunidade é expulsa de São Beno (Varsóvia). Prisão em Küstrin. Auxiliar na igreja dos Minoritas em Viena.

1813 – Nomeado confessor e reitor da igreja de Santa Úrsula em Viena.

1815 – Envio de três padres e um Irmão para Bucareste.

12.11.1818 – Batida policial na casa.

15.3.1820 – Falecimento.

29.1.1888 – Beatificação.

20.5.1909 – Canonização.